Cartonnage

TRAITÉ D'HARMONIE Pratique

OU **MÉTHODE** *Facile et abrégée pour apprendre* LA **COMPOSITION**

D'APRÈS UN NOUVEAU SYSTÈME ENTIÈREMENT FONDÉ

SUR LA MÉLODIE

Et dédié spécialement

aux Chanteurs, aux Pianistes, et aux autres Artistes éxécutants

PAR

HENRY COHEN

2me ÉDITION ENTIÈREMENT REFONDUE

Ouvrage approuvé par le Conservatoire Impérial de Musique et de déclamation

Prix : 15 f.

Paris, LÉON ESCUDIER, Editeur, 21, Rue Choiseul.

C. M.

CONSERVATOIRE IMPÉRIAL.

EXTRAIT DU PROCÈS-VERBAL

DE LA SÉANCE

DU COMITE DES ÉTUDES MUSICALES DU CONSERVATOIRE IMPÉRIAL DE MUSIQUE ET DE DÉCLAMATION,

DU 7 JUILLET 1854.

Le Comité des Études Musicales du Conservatoire, après avoir examiné l'ouvrage intitulé : *Traité d'Harmonie pratique, ou Méthode facile et abrégée pour apprendre la composition d'après un nouveau système entièrement fondé sur la Mélodie*, a reconnu que M. COHEN, son auteur, y fait preuve d'une science basée sur les bons principes; que le système qu'il a adopté est propre à abréger l'étude de l'Harmonie, quant aux exécutants en général, et ne peut qu'être utile aux Artistes qui voudront faire des études sérieuses.

En conséquence, le Comité pense que cet ouvrage mérite des éloges et lui donne son approbation.

Ont signé,

MM. les Membres du Comité :

AUBER, président; A. LEBORNE, BATTON, MASSARD,
AMBROISE THOMAS, D. ALLARD, F. HALÉVY, G. VOGT
ÉDOUARD MONNAIS, commissaire impérial.

ALF. DE BEAUCHESNE, secrétaire.

PRÉFACE.

Ce Traité, en faveur duquel je réclame l'indulgence du public, est le résultat de mon expérience et de ma conviction intime que l'harmonie peut s'apprendre par des moyens plus faciles et plus expéditifs que ceux dont on s'est servi jusqu'à présent; il est fondé sur un système si différent de tous les autres, que, parmi les reproches que l'on pourra m'adresser, je crois être du moins à l'abri de celui d'avoir copié les Traités qui ont précédé le mien.

Tous les professeurs, sans exception, enseignent l'harmonie en commençant par les accords, et ce n'est qu'après les avoir étudiés, ainsi que leurs renversements, pendant six mois au moins, que l'élève commence à connaître les notes qui constituent la mélodie. La conséquence de cette méthode est de rendre l'étude de l'harmonie longue, abstraite et sans intérêt. Ensuite, il faut convenir que la musique n'est plus ce qu'elle était autrefois. Dans les premiers temps de la découverte de l'harmonie, la mélodie était nulle, ou du moins lui était si complétement soumise, que le peu de chant qu'on trouve dans les productions des anciens compositeurs, tels que Goudimel, Josquin-Desprez et même Palestrina, ne doit son origine qu'à la nécessité d'éviter à des voix peu exercées et sans guide (1) toutes les intonations tant soit peu difficiles. Aujourd'hui, au contraire, les instruments se sont perfectionnés, et l'oreille, habituée à entendre des modulations compliquées et des intonations extraordinaires, ne trouve plus la voix rebelle lorsqu'il s'agit de produire ces mêmes effets. En outre, on a compris que la musique est un art qui doit flatter l'oreille et procurer des sensations, et non pas un calcul mathématique destiné à exciter l'étonnement par des combinaisons difficiles. La mélodie règne donc aujourd'hui en souveraine, et le rôle de l'harmonie se borne à lui servir de marche-pied pour monter sur son trône.

Ce préambule doit avoir expliqué le but que je me suis proposé dans cet ouvrage. J'ai voulu enseigner l'*Harmonie* par la *Mélodie* et rendre agréable et même amusante une étude sèche et abstraite. Mais comme il y a trois reproches auxquels je m'attends plus particulièrement, je vais tâcher d'y répondre d'avance. Le premier est de ne pas parler de la basse chiffrée; le second, d'omettre la manière d'écrire pour les voix, et le troisième, de procéder sans méthode.

Je ne parle point de la basse chiffrée pour cinq raisons : 1° L'harmonie *peut* s'apprendre sans elle; 2° on n'écrit plus d'airs avec la basse chiffrée; 3° faute d'habitude, les plus habiles harmonistes ont de la peine à la remplir couramment; 4° il y a des différences notables entre les manières de chiffrer en France, en Italie et en Allemagne; 5° enfin, la basse chiffrée a toujours été un épouvantail pour les amateurs qui auraient désiré savoir l'harmonie, et peut-être une des plus puissantes causes qui ont contribué à en rendre la connaissance si peu répandue. Voyez la *Conclusion*, page 40.

Je ne parle point des voix ni de l'harmonie à deux, trois, quatre parties, etc., parce que je suis persuadé qu'après avoir appris la composition par les moyens que j'indique dans ce Traité, l'art d'écrire pour les voix et les diverses espèces d'harmonie (ce dont je parlerai dans un Traité de Contrepoint et de Fugue que j'espère rendre aussi simple que celui-ci) ne paraîtront plus qu'un jeu, en comparaison de la difficulté qu'on éprouve lorsque l'on apprend le tout à la fois.

Quant au manque de méthode et de liaison qu'on remarquera dans cet ouvrage, je me bornerai à dire que je n'ai point cherché à faire un Traité méthodique, puisque tous ceux qui existent le sont. Mon but a été de varier le travail des élèves, afin de ne pas leur laisser le temps d'éprouver de l'ennui, et surtout de toujours procéder du connu à l'inconnu.

Il me reste un mot à dire sur la division de l'ouvrage. On voit que je l'ai partagé en vingt leçons. Parmi ces leçons, il y en a de faciles, d'autres qui le sont moins, d'autres enfin qui sont difficiles. Je ne prétends point qu'il ne faille donner *qu'une seule leçon* sur chacune des miennes, bien au contraire. Selon le plus ou moins de dispositions de l'élève, et le plus ou moins de difficultés des leçons, on pourra les doubler ou les tripler même; mais j'insiste sur un point : c'est que le professeur doit doubler ou tripler les leçons *entières* et non pas les couper en deux ou trois parties, car l'élève ne s'y retrouverait plus, et l'application des exercices qui suivent chaque leçon à mes préceptes ne pourrait avoir lieu.

Cet ouvrage est dédié aux gens du monde qui veulent savoir accompagner leurs inspirations, ou se rendre compte de chaque note qui entre dans tous les morceaux de musique possibles; aux artistes qui, tout en éprouvant le désir et le besoin de connaître l'harmonie, n'ont malheureusement pas toujours le temps d'en faire une étude profonde; enfin aux professeurs qui, la sachant déjà, mais l'ayant apprise sans l'intention primitive d'en faire part aux autres, cherchent une Méthode facile et peu fatigante pour l'enseigner en dehors de leurs occupations habituelles, lorsque l'occasion s'en présente.

Je terminerai cette préface en disant que je n'ai nullement la prétention d'avoir fait un ouvrage parfait, mais que j'ai la conviction que, plus tard, d'autres professeurs perfectionneront ma Méthode, et que je pose en ce moment la première pierre d'un monument destiné à changer complétement la face de l'éducation musicale.

(1) L'orgue était si mal accordé qu'un compositeur était obligé, pour ne pas laisser une impression désagréable, de terminer par un accord majeur les morceaux écrits dans un ton mineur.

TRAITÉ D'HARMONIE PRATIQUE.

PREMIÈRE LEÇON.

LES INTERVALLES.

Un intervalle est la distance d'un son à un autre. On appelle ces intervalles d'après le nombre de notes qu'ils parcourent, (comprises celles du point de départ et du point d'arrivée) ***seconde, tierce, quarte, quinte, sixte, septième et octave***. Par suite des changements qu'ils peuvent subir, si on hausse ou qu'on baisse l'une de leurs notes, on peut en étendre le nombre jusqu'à dix-neuf. Voici un tableau double de ces intervalles. La première portée les présente sous leur aspect naturel, et la seconde sous celui qu'ils prennent quand on transporte leur note grave à l'aigu. Ce déplacement se nomme ***Renversement***.

TABLEAU DES INTERVALLES.

	Secondes.			Tierces.			Quartes.		
	mineure.	majeure.	augmentée.	diminuée.	mineure.	majeure.	diminuée.	juste.	augmentée.
Intervalles primitifs.	½ ton.	1 ton.	1 ton et ½	1 ton.	1 ton et ½	2 tons.	2 tons.	2 tons et ½	3 tons.
	Septièmes.			Sixtes.			Quintes.		
Renversemens.	majeure.	mineure.	diminuée.	augmentée.	majeure.	mineure.	augmentée.	juste.	diminuée.

	Quintes.			Sixtes.			Septièmes.			Octave.
	diminuée.	juste.	augmentée.	mineure.	majeure.	augmentée.	diminuée.	mineure.	majeure.	
Intervalles primitifs.	3 tons.	3 tons et ½	4 tons.	4 tons.	4 tons et ½	5 tons.	4 tons et ½	5 tons.	5 tons et ½	6 tons.
	Quartes.			Tierces.			Secondes.			Unisson. (1)
Renversemens.	augmentée.	juste.	diminuée.	majeure.	mineure.	diminuée.	augmentée.	majeure.	mineure.	

La ***dixième*** se regarde comme tierce, la ***treizième*** comme sixte, la ***dix-septième*** comme tierce, &; la neuvième se regarde ordinairement comme seconde; on verra cependant plus tard qu'elle est considérée quelquefois comme ***neuvième***.

La seconde mineure et la seconde majeure se nomment ***degrés conjoints***; tous les autres intervalles se nomment ***degrés disjoints***. La seconde augmentée forme déjà un degré disjoint.

La 3ce mineure, la 3ce majeure, la 5te juste, la 6te mineure, la 6te majeure et l'8ve se nomment ***consonnances*** ou ***intervalles consonnans***.(2) Ce sont les seuls intervalles sur lesquels l'oreille puisse se reposer et qui puissent par conséquent terminer une phrase musicale. La quarte juste est aussi une consonnance, mais moins pure que les autres, parce qu'on ne peut pas s'arrêter sur elle, à moins de l'accompagner en dessous d'une tierce ou d'une 5te comme:

Tous les autres intervalles sont ***dissonnans***. Ce mot ne veut pas dire ***discordans***, mais par opposition au mot ***consonnans***, il signifie qu'ils ne peuvent terminer aucune période musicale, et qu'ils ont besoin d'être toujours suivis d'une consonnance qu'on appelle dans ce cas ***Résolution***. On se rappellera donc désormais comme règle invariable que ***Toute dissonnance doit avoir sa Résolution***.

Il est encore essentiel de faire observer que quoique deux intervalles puissent se ressembler sur les touches du Piano ou par le nombre de tons ou ½ tons qui les composent, tels que la 3ce majeure et la 4te diminuée, &, ils sont cependant différens pour plusieurs raisons, dont la principale est que d'***ut*** à ***mi*** (par exemple) on ne nomme que trois notes: ***ut, ré, mi***, tandis que pour aller d'***Ut*** à ***Fa♭*** on en nomme quatre: ***ut. ré. mi. fa***.

EXERCICES A FAIRE SUR LA PREMIÈRE LEÇON.

L'élève transposera le tableau des intervalles (la première portée seulement) en commençant soit par un ***la ♭***, par un ***ut ♯*** ou toute autre note, et se gravera bien dans la mémoire le nombre de tons et de demi-tons qu'ils renferment. Il devra ensuite répondre à toutes les questions que le professeur pourra lui adresser sur le produit du renversement des intervalles.

(1) L'unisson n'est point un intervalle. C'est le point central où viennent aboutir les intervalles en se resserrant le plus possible, ou bien celui d'où ils partent pour prendre successivement une plus grande extension.

(2) La distinction qu'on a établie entre les consonnances parfaites et les consonnances imparfaites ne pouvant être d'aucune utilité [illegible].

DEUXIEME LEÇON.

LES ACCORDS EN GÉNÉRAL.

Un accord dans son état naturel ne se compose que de deux tierces posées l'une sur l'autre. J'appellerai ces accords de trois notes ***accords simples***.

ACCORDS SIMPLES.

Mais on peut superposer encore une ou deux tierces sur ces deux tierces et ces accords de quatre ou cinq notes je les appellerai ***accords composés***.

ACCORDS COMPOSÉS.

Il n'existe en musique que ces deux sortes d'accords, l'accord simple et l'accord composé.* Un accord simple dont la première tierce est majeure et la seconde mineure (en commençant toujours à compter par la note la plus grave) se nomme ***accord parfait majeur.*** Un accord simple dont la première tierce est mineure et la seconde majeure, se nomme ***accord parfait mineur***; et enfin un accord simple dont les deux tierces sont mineures forme dans son ensemble un intervalle de quinte diminuée, et se nomme par cette raison ***accord de quinte diminuée.*** Tout morceau de musique possible doit se terminer par l'un des deux accords parfaits; tous les autres autres accords sans exception sont dissonnans et par conséquent exigent une résolution.

Les accords composés, à quatre notes, se nomment ***accords de septième*** et les accords composés à cinq notes, ***accords de neuvième.*** Il y a plusieurs variétés dans les accords de septième; cela tient au degré du ton sur lequel ils se trouvent, ce qui sera expliqué plus au long dans la **12**e leçon.

Quand les accords sont placés comme ci-dessus, c'est-à-dire que toutes leurs notes se succèdent en montant de tierce en tierce, ils sont dans leur état naturel, et la note la plus basse s'appelle ***note*** ou ***basse fondamentale.*** Mais on peut mettre également à la basse, leur tierce, leur quinte ou leur septième. Dans ce cas là ils sont ***renversés.*** D'après cette faculté de déplacement, les accords simples dans lesquels se trouvent la fondamentale, la tierce et la quinte, peuvent avoir deux renversemens, et les accords composés dans lesquels se trouvent la fondamentale, la tierce, la quinte et la septième, en peuvent avoir trois; ce qui donne aux accords simples trois aspects différens et quatre aux accords composés.

1° Les trois aspects de l'accord simple.

A. Etat naturel. B. 1er Renverst C. 2e Renverst

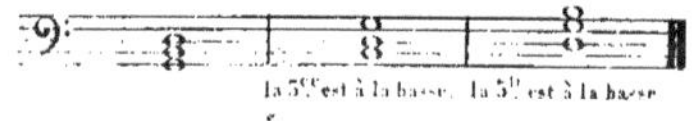

2° Les quatre aspects de l'accord composé.

A. Etat naturel. B. 1er Renverst C. 2e Renverst D. 3e Renverst

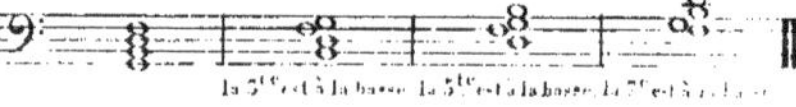

Les accords de neuvième n'ont pas cinq aspects; on en verra la raison dans la **8**e et la **9**e leçon.

Il est très-important de ne pas confondre les ***renversemens*** avec les ***changemens de position.*** Le renversement s'entend uniquement par rapport à la ***basse*** quand la note la plus grave qui sonne à l'oreille est une autre note que la fondamentale, tandis que le changement de position a rapport aux parties placées ***au dessus de la basse*** lorsque l'on dérange l'ordre de leurs tierces; ainsi dans l'exemple précédent les accords **B C** et **D** sont renversés, parce que leur fondamentale n'est pas la note la plus grave.

Dans l'exemple suivant au contraire il n'y a que de simples changemens de position, parceque la fondamentale reste à la basse.

---

* Je [illegible] partie [illegible] seconde partie de cet ouvrage qui traitera du Contrepoint simple

On verra plus loin (Leçons 14 et 15) ce que c'est que l'accord altéré.

Mais il peut y avoir en même temps **renversement** et **changement de position** comme dans les accords suivants.

Pour reconnaître si un accord où la succession des tierces est dérangée, est renversé ou s'il n'y a qu'un simple déplacement dans les parties supérieures, il faut voir si en nommant les notes à partir de la note la plus grave, on peut obtenir une succession qui monte progressivement de tierce en tierce. Si on arrive à ce résultat, l'accord n'a fait que subir un déplacement dans ses notes supérieures. Si au contraire la succession est interrompue par une quarte ou par une seconde, (à partir de la note la plus grave) on peut être sûr que l'accord est renversé, et pour en découvrir alors la Basse fondamentale, il faut chercher jusqu'à ce qu'on ait trouvé la note qui permet la succession par tierces.

EXERCICES À FAIRE SUR LA SECONDE LEÇON.

Voici une suite d'accords que l'élève devra analyser de la manière suivante. Il la transcrira 1° en indiquant **au dessus**, si les accords sont simples ou composés. 2° en notant **au dessous**, s'ils sont dans leur état naturel ou s'ils sont renversés. 3° En précisant **au dessous de cette dernière détermination** quel est le renversement des accords renversés. 4° Il écrira sur une portée séparée la note fondamentale de chaque accord.

(*Nota.*) Le professeur pourra de son coté ajouter d'autres suites d'accords à celle-ci, s'il ne juge pas que l'élève ait suffisamment de travail.

Afin que l'élève sache comment procéder, voici l'analyse des deux premières mesures.

TROISIÈME LEÇON.

LES ACCORDS LES PLUS NATURELS SOUS UNE GAMME MAJEURE.

Le principal but des accords est l'accompagnement du chant. En conséquence, ayant expliqué la nature des accords en général, je vais démontrer progressivement comment on doit les employer lorsqu'on veut les faire servir à accompagner un chant.

Voici pour commencer, un tableau sur deux portées; la première présente une gamme majeure avec les noms génériques des notes, (noms qui ne varient jamais quelque soit le ton) et la seconde, les accords que chaque note de la gamme appelle le plus naturellement si on veut l'accompagner.

1er degré ou tonique. — 2e degré ou sous-médiante ou sus-tonique. — 3e degré ou médiante. — 4e degré ou sous-dominante. — 5e degré ou dominante. — 6e degré ou sous-sensible ou sus-dominante. — 7e degré ou sensible.

Ainsi on peut placer;

Sous la tonique, l'accord de tonique ou celui de sous-dominante.

Sous la sous-médiante, l'accord de dominante simple ou avec 7e.

Sous la médiante, l'accord de tonique.

Sous la sous-dominante, l'accord de sous-dominante ou celui de dominante avec lequel la note de chant forme l'accord de dominante avec septième.

Sous la dominante, l'accord de tonique ou celui de dominante simple ou avec septième.

Sous la sous-sensible, l'accord de sous-dominante.

Sous la sensible, l'accord de dominante simple ou avec septième.

(*Nota*) Le véritable nom de l'accord de dominante avec septième est *septième de dominante*; mais jusqu'à la 8e leçon, je me servirai de la première expression, parcequ'elle me semble plus facile pour les commençans en ce qu'elle leur donne une idée plus juste des propriétés de cet accord.

EXERCICES À FAIRE SUR LA TROISIÈME LEÇON.

On prendra un chant en notes d'un mouvement lent, et on accompagnera chacune d'elles d'après les accords qui leur sont affectés dans le tableau précédent, sans s'embarasser si on double ou qu'on supprime quelque note d'un accord(1) mais il faudra observer: 1e de mettre tous les accords dans leur état naturel, c'est-à-dire sans renversement. 2e de faire sauter le moins possible les parties d'accompagnement autres que les notes fondamentales; par conséquent de les lier de façon a déranger la main le moins possible. 3e de faire deux accompagnemens différens à chaque chant. 4e Enfin l'élève ne fera pas mal pour se familiariser avec les accords qui conviennent à chaque note de la gamme, de transposer le tableau précédent dans plusieurs tons différens, avant de commencer à faire ses accompagnemens; en outre, je lui conseille le plus possible de les écrire sans l'aide du Piano, afin de s'habituer dès les commencemens à juger des effets sur le papier. Les accompagnemens une fois écrits, il pourra les essayer pour s'en rendre compte.

Ces deux accompagnemens sont strictement dans les règles, mais il est facile de s'apercevoir combien le choix des accords est fait avec plus de goût dans le premier que dans le second. Je ferai remarquer qu'on produit presque toujours un mauvais effet lorsque, comme dans les mesures 7 et 14 du second accompagnement, on prend sur le temps faible d'une mesure le même accord qui sert ensuite au premier temps de la mesure suivante. Dans les mesures 12 et 13 l'effet est encore plus mauvais, puisque l'accord de dominante avec septième, pris sur le temps faible de la 12e mesure, se transforme en accord de dominante sans septième sur le premier temps de la 13e mesure.

L'accord de dominante avec septième étant dissonant doit avoir une résolution.

Sa résolution se fait sur l'accord de tonique de la manière suivante.

(1) La quinte peut se supprimer sans nuire à l'effet, mais il ne faut supprimer la tierce qu'avec ménagement.

(2) Il n'est pas obligé de placer un accord sur chaque note; dès que deux notes peuvent s'accompagner par le même accord [illegible]

Par conséquent pour pouvoir placer sous le second, le quatrième, le cinquième et le septième degré de la gamme, l'accord de dominante avec septième, il faut que le chant procède de l'une des manières suivantes.

ou bien encore, que le 2e, le 4e, le 5e et le 7e degré soient suivis d'une autre note appartenant au même accord, comme

(*Nota*) Faire monter la septième dans la résolution de cet accord au lieu de la faire descendre, est une faute grave que les élèves ne peuvent trop tôt s'habituer à éviter.

CHANTS POUR SERVIR AUX EXERCICES A FAIRE SUR LA TROISIÈME LEÇON.

L'élève transcrira tous les chants suivans, ou du moins deux ou trois d'entr'eux, qu'il accompagnera de deux manières différentes, et gardera son travail jusqu'à la 6e leçon inclusivement pour des raisons qui lui seront expliquées alors (*)

QUATRIÈME LEÇON.

DU RENVERSEMENT DES ACCORDS.

J'ai déjà dit que l'on peut mettre à la basse, la tierce, la quinte ou la septième des accords; du mélange plus ou moins heureux de l'emploi de ces accords dans leur état naturel ou renversé, dépend souvent tout le bon effet d'un accompagnement. Le premier renversement des accords simples et composés, (c'est à dire la tierce à la basse) et le troisième renversement des accords composés (c'est à dire la septième à la basse) n'offrent aucune difficulté dans leur emploi. Le second renversement (la quinte à la basse) en offrant davantage, cette leçon ne traitera que du premier et du troisième, parce qu'il est nécessaire que l'élève sache d'abord s'en servir correctement avant d'employer le second.

Pour faciliter aux commencans l'habitude d'employer les renversemens des accords, je leur présente un tableau qui indique outre les accords sans renversement que l'on a vus sur le tableau précédent, les mêmes accords placés dans leur premier et leur troisième renversement. Les accolades rapprochent les faces diverses des mêmes accords.

1er degré ou tonique. | 2e degré, sous-médiante ou sous tonique. | 3e degré ou médiante. | 4e degré ou sous-médiante. | 5e degré ou dominante. | 6e degré, ... sus-dominante. | 7e degré ou sensible.

(*) Le professeur en corrigeant les exercices que l'élève lui fera sur cette leçon et sur les deux suivantes ne devra point lui faire d'observations sur les quintes et les octaves qui pourront s'y trouver. Il se bornera à voir si le choix des accords est fait selon les règles prescrites, et si les parties d'accompagnement ne sautent pas trop.

Voici le même chant qui a déjà servi à la seconde leçon, et auquel j'ai ajouté cette fois un accompagnement où se trouvent employés le premier et le troisième renversement des accords.

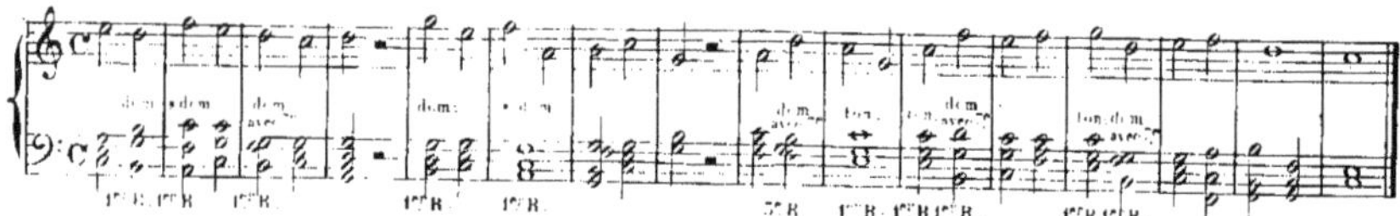

En général, on ne renverse ni le premier ni les deux derniers accords d'un morceau, à moins que l'accompagnement ne se trouve dans des notes assez élevées; ceci n'est qu'une règle de goût et d'usage. On a dû remarquer que dans la neuvième mesure où l'accord de dominante avec septième est dans son troisième renversement. l'accord de tonique dans la mesure qui suit est dans son premier renversement. Cette conséquence est inévitable; car comme la septième dans cet accord doit descendre d'un degré à la tierce de la tonique de l'accord suivant. (Voyez la troisième leçon) cette tierce étant à la basse forme un premier renversement.

EXERCICES À FAIRE SUR LA QUATRIÈME LEÇON

Les chants qui se trouvent à la fin de la dernière leçon pourront également servir à faire les exercices sur celle ci: L'élève les accompagnera comme il l'a déjà fait, mais en entremêlant les accords non renversés avec des accords placés dans leur premier et leur troisième renversement. Il fera deux accompagnemens sur chaque chant, et gardera ses exercices comme ceux de la leçon précédente. Il observera exactement de bien lier les parties entr'elles.

CINQUIÈME LEÇON

SUITE DU RENVERSEMENT DES ACCORDS.

Dans le second renversement des accords simples ou composés on place la quinte de l'accord à la basse; cette quinte se trouvant par conséquent au dessous de la fondamentale forme une quarte avec elle, d'après la règle du renversement des intervalles. Or, dans tous les accords où la quinte est juste ce renversement produit une quarte juste, et la quarte juste ***entre la basse et une partie haute*** demande dans son emploi les précautions suivantes.

Je prends pour exemple ***sol-mi-ut*** second renversement de l'accord ***ut-mi-sol***. Si on veut employer cette position; 1° Il faut que dans l'accord qui précède celui-ci on ait déjà fait entendre le ***sol*** ou l'***ut***, c'est à dire l'une des deux notes qui forment la quarte; et de plus, il faut que cette note ait été entendue dans la même partie. C'est ce qu'on appelle ***préparer*** la quarte. Du reste la note préparée peut à volonté être soutenue ou frappée, pourvu qu'elle soit entendue pendant tout le temps voulu.

Dans l'exemple suivant, bien que l'***ut*** précède l'ut qui fait quarte, il se trouve dans une autre partie, et par conséquent la quarte n'est pas préparée.

2° On peut à son choix préparer l'une ou l'autre des notes qui forment la quarte; mais la note qui ne prépare pas, ne doit arriver à la quarte que par ***intervalle de seconde***.

3° En quittant la quarte il faut les mêmes précautions, c'est_à_dire que l'une des deux notes qui produisent cet intervalle doit pour arri_ver à l'accord suivant rester immobile; (c'est ce qu'on appelle la ***Résolution*** de la quarte) et l'autre ne doit marcher que par ***intervalle de seconde***.

(***Nota***) Les parties qui n'ont point de rapport avec la quarte peuvent sauter à volonté.

La quarte peut s'employer de quatre manières avec une bonne préparation et une bonne résolution. 1° Une partie haute prépare et résoud. (*Ex 1*) 2° La basse prépare et résoud. (*Ex 2*) 3° Une partie haute prépare et la basse résoud. (*Ex 3*) 4° La basse prépare et une partie haute résoud. (*Ex 4*) Dans tous les cas, la partie qui ne prépare ou qui ne résoud pas, ne peut procéder que par seconde.

L'exemple suivant est mauvais; la quarte n'y est ni préparée ni résolue.

La quarte augmentée qui se rencontre dans le troisième renversement de l'accord de dominante avec septième n'a pas besoin de préparation, mais en sa qualité de dissonnance, il lui faut une résolution comme on a pu le voir. Les seules exceptions à la préparation de la quarte se trouveront dans la 14 leçon.

Voici encore une fois le même chant accompagné de manière à ce que l'on y rencontre les trois renversemens.

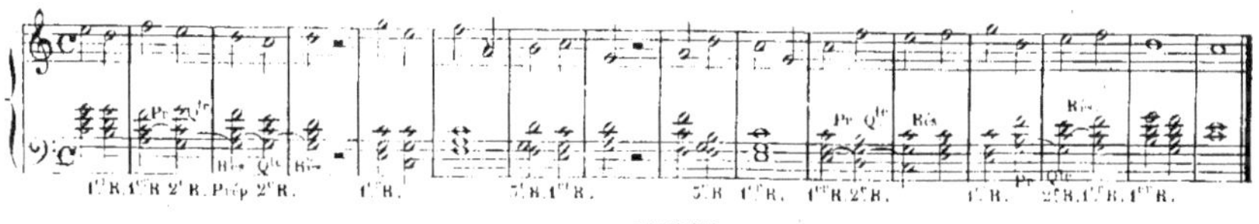

EXERCICES À FAIRE SUR LA CINQUIÈME LEÇON.

L'élève transcrira encore une fois un ou plusieurs des chants de la troisième leçon et les accompagnera en y employant les trois renversemens, et notamment le second qui fait le sujet de celle_ci. Les parties doivent toujours sauter le moins possible.

SIXIÈME LEÇON.

DE LA MARCHE QUE LES PARTIES DOIVENT SUIVRE POUR BIEN ENCHAÎNER LES ACCORDS.

Dans un but de facilité, je n'ai donné jusqu'ici les exemples que sur deux portées, afin que l'élève pût à l'aide du Piano se rendre exactement compte de l'effet plus ou moins bon qui résulte du choix de tel ou tel accord et de tel ou tel renversement. Mais il sera désormais indispensable qu'il s'habitue à regarder ***chaque partie*** de l'accompagnement (c'est à dire chacune des notes qui le composent) comme ayant sa ***marche particulière***. Il comprendra par là pourquoi cette liaison dans l'accompagnement que j'ai tant recommandée dans les leçons précédentes est nécessaire.

Pour rendre ma démonstration plus sensible, je disposerai le chant des leçons précédentes et avec le même choix d'accords et de renversemens que dans la cinquième leçon, de façon à ce qu'il soit accompagné rigoureusement par trois autres parties, et que le tout forme une ***harmonie à quatre parties***.

On voit par cet exemple qu'il est plus facile de n'y point faire ***sauter les parties*** que lorsqu'on accompagne un chant sur le piano avec la main gauche, mais que la liberté d'accompagner le chant tantôt par deux notes tantôt par trois ou quatre n'existe plus. Il est donc nécessaire qu'à mesure que l'élève avance dans ses études, il s'habitue à vaincre de plus grandes difficultés.

OBSERVATIONS IMPORTANTES.

On distingue en musique trois sortes de mouvemens des parties entr'elles.

1° Le mouvement ***semblable*** qui a lieu quand deux ou plusieurs parties montent ou descendent en même temps. ***Exemple.***

2° Le mouvement ***oblique***, lorsqu'une ou plusieurs parties montent ou descendent, tandis qu'une autre partie reste à sa place. ***Exemple.***

3° Le mouvement ***contraire***; il a lieu lorsqu'une partie monte tandis qu'une autre descend. ***Exemple.***

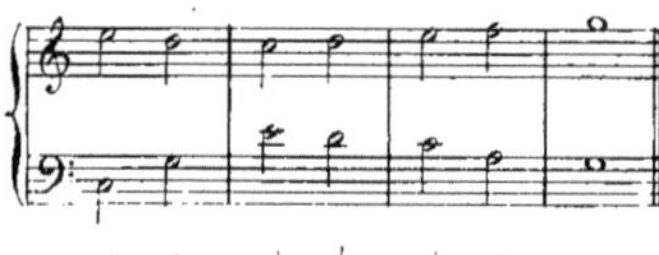

Les trois mouvemens peuvent avoir lieu en même temps comme dans l'exemple suivant.

Le mouvement oblique et surtout le mouvement contraire fournissent le plus de richesses à l'harmonie. L'emploi du mouvement semblable peut donner lieu à plusieurs fautes d'harmonie telles que les Quintes et les Octaves. Voici ce qu'il faut observer à cet égard.

1º Deux quintes justes consécutives produites par le mouvement semblable ***entre les deux mêmes parties*** sont toujours défendues,(et à plus forte raison trois ou quatre quintes consécutives) parceque l'effet en est mauvais. ***Exemple.***

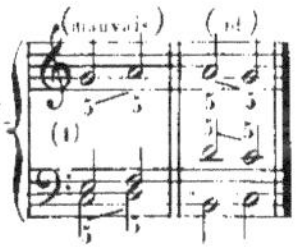

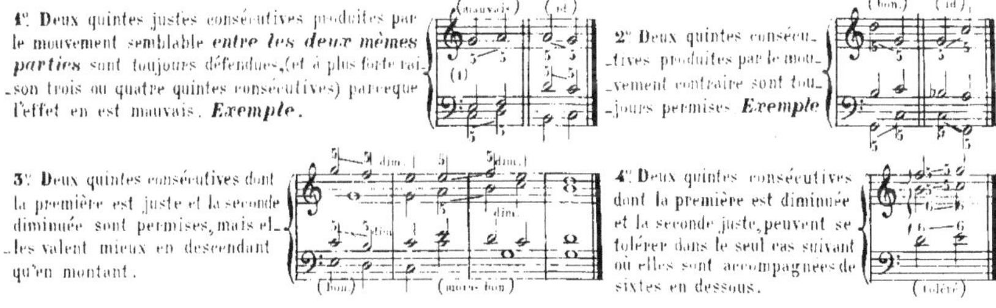

2º Deux quintes consécutives produites par le mouvement contraire sont toujours permises. ***Exemple***

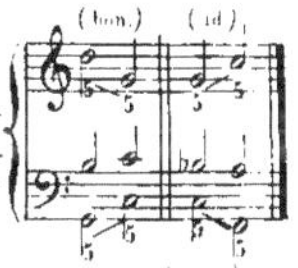

3º Deux quintes consécutives dont la première est juste et la seconde diminuée sont permises, mais elles valent mieux en descendant qu'en montant.

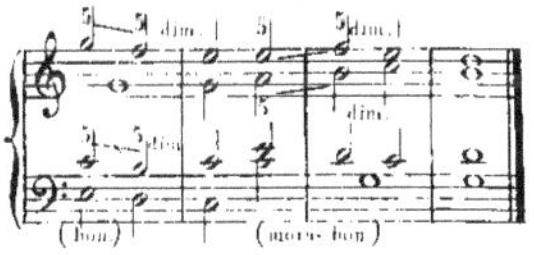

4º Deux quintes consécutives dont la première est diminuée et la seconde juste, peuvent se tolérer dans le seul cas suivant où elles sont accompagnées de sixtes en dessous.

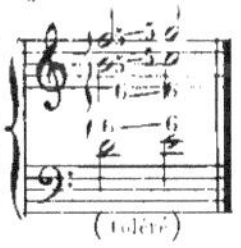

5º Deux octaves consécutives par mouvement semblable sont toujours défendues dans le style sévère(2) parce que l'effet en est nul, mais dans le style libre, surtout dans la musique de piano, on peut les tolérer pourvu qu'elles n'aient pas lieu entre la partie la plus haute et la partie la plus basse.

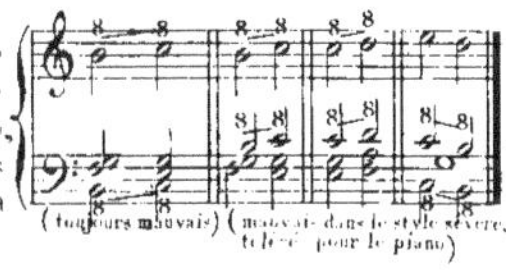

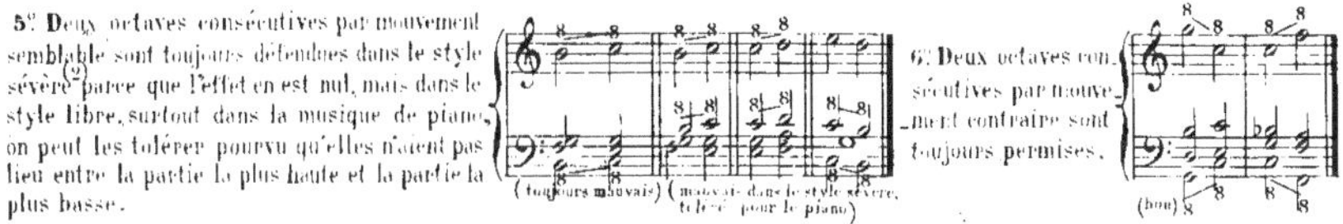

6º Deux octaves consécutives par mouvement contraire sont toujours permises.

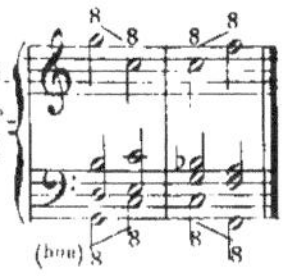

6º Il est même des cas où une seule quinte et une seule octave produisent un mauvais effet si deux parties y arrivent par mouvement semblable. Il n'y a pour justifier ou condamner ces successions d'intervalles, appellées ***octaves cachées*** et ***quintes cachées*** d'autre règle à suivre que l'effet plus ou moins bon qui en résulte, ainsi que les exemples suivans le démontreront.

(QUINTES CACHÉES MAUVAISES)(QUINTES CACHÉES BONNES) (OCTAVES CACHÉES MAUVAISES) (OCTAVES CACHÉES BONNES)

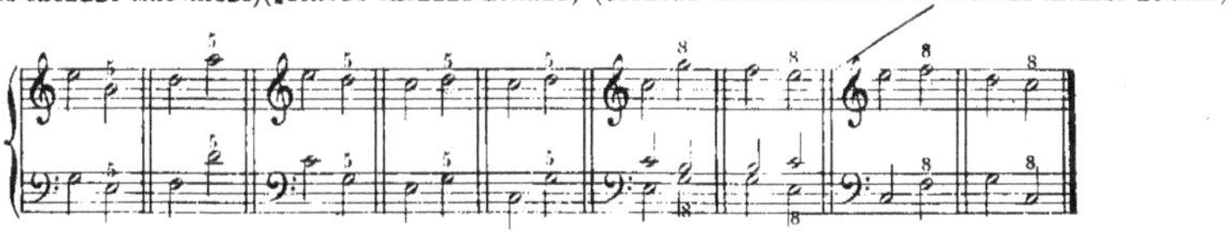

A l'égard des quintes et des octaves je ferai observer que de toutes les successions qui peuvent leur donner lieu il n'en est pas de plus à craindre et dont il faille plus se défier, que celles où la basse fondamentale de deux accords procède par seconde, et encore plus si les accords ne sont pas renversés.

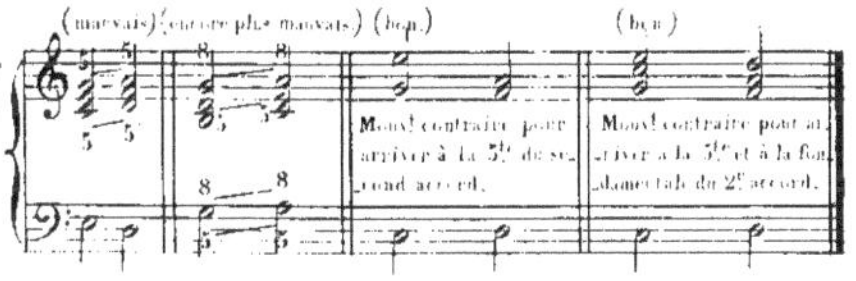

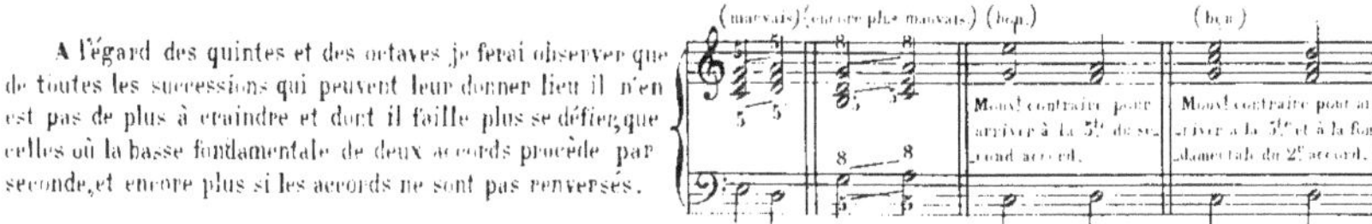

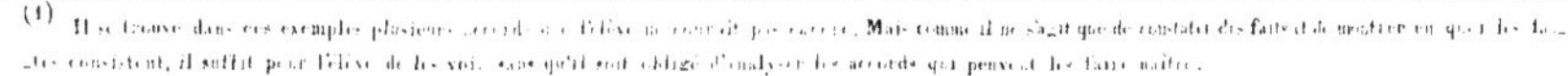

(1) Il se trouve dans ces exemples plusieurs accords que l'élève ne connaît pas encore. Mais comme il ne s'agit que de constater des faits et de montrer en quoi les fautes consistent, il suffit pour l'élève de les voir, sans qu'il soit obligé d'analyser les accords qui peuvent les faire naître.

(2) Le mot *défendu* ne s'applique qu'aux octaves qui par la négligence de l'élève ou du compositeur laissent un vide dans l'harmonie; mais des traits où l'on emploie les octaves à dessein, et qui dans ce cas se nomment *traits à l'unisson*, sont parfaitement permis et souvent même produisent un très bel effet. Exemples.

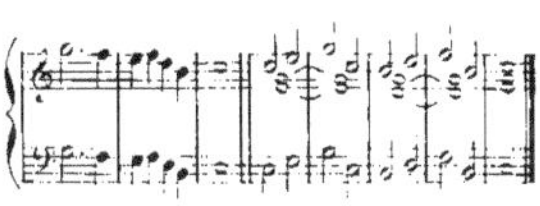

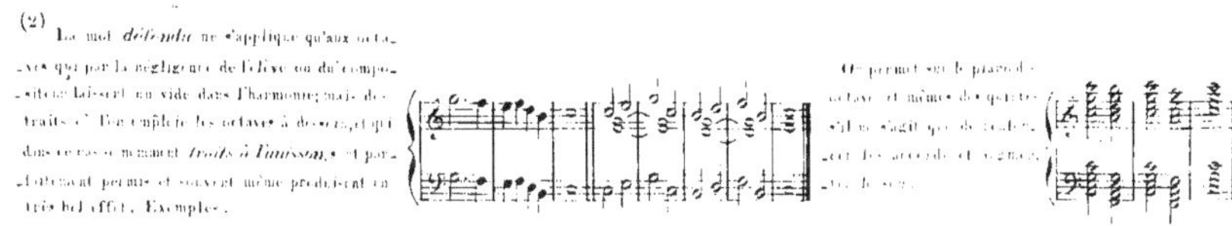

On permet sur le piano des octaves et même des quintes s'il ne s'agit que de renforcer les accords et d'augmenter le son.

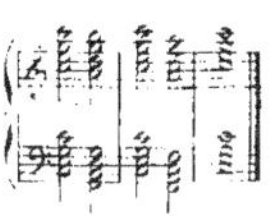

EXERCICES À FAIRE SUR LA SIXIÈME LEÇON.

L'exercice que l'élève aura à faire sur cette leçon consistera à repasser tous ceux qu'il a fait sur les trois leçons précé_dentes: et chaque fois qu'il y découvrira des quintes ou des octaves consécutives, (ces dernières entre les deux parties ex_trêmes seulement) il devra les corriger. Souvent la rectification d'un seul accord exigera pour conserver la liaison des par_ties qu'il change plusieurs des accords, quant à leur position. Ce travail assez fatigant est inévitable, même pour des élèves beaucoup plus avancés, presque toutes les fois qu'il existe des fautes à corriger, peu importantes d'ailleurs.

Ce travail de rectification devant donner assez d'occupation à l'élève, ce n'est qu'à la prochaine leçon que le professeur de_vra lui faire écrire l'accompagnement en ***parties distinctes*** comme dans les exemples de cette leçon.

SEPTIÈME LEÇON.

LES ACCORDS LES PLUS NATURELS SOUS UNE GAMME MINEURE.

La gamme mineure est moins régulière que la gamme majeure, car celle_ci reste toujours la même, soit qu'on la monte ou qu'on la descende, qu'elle soit mélodique ou harmonique; au lieu que dans la gamme mineure, telle qu'on doit la faire mélodique_ment, le sixième et le septième degré subissent en montant une altération qui disparaît en descendant.

GAMME MINEURE MÉLODIQUE. (*Telle qu'on doit la faire*)

Dans la gamme mineure harmonique, c'est à dire en considérant chaque note comme recevant un accord, le sixième degré ne peut s'accompagner que quand il n'est pas haussé, cette note haussée n'appartenant pas au ton; mais le septième degré peut s'accompagner des deux manières, soit qu'on le regarde comme la sensible du ton, soit qu'on le regarde simplement com_me septième degré non sensible.

D'après cela, voici un tableau des accords que chaque note de la gamme mineure appelle le plus naturellement. En le com_parant avec celui des accords sous la gamme majeure, on verra que le principe est le même, mais que la gamme mineure est plus riche, parceque le second, le cinquième et le septième degré peuvent recevoir l'accord de dominante avec sa tierce dans l'état naturel, ou haussée. (pourvu que dans le premier cas, on n'y ajoute pas la 7e) En outre le second, le quatrième et le six_ième degré reçoivent l'accord de ***quinte diminuée*** qui est spécial au mode mineur et dont la fondamentale est placée sur le second degré du ton.

Tonique. — sous_médiante. — médiante. — sous_dominante. — dominante. — 6e degré. — 7e degré. — 7e degré (sensible)

Ainsi: La tonique reçoit l'accord de tonique ou celui de sous_dominante.

La sous_médiante, l'accord de dominante mineure: celui de dominante majeure simple ou avec 7e; ou l'accord de quinte diminuée.

La médiante, l'accord de tonique.

La sous_dominante, l'accord de sous_dominante: celui de dominante majeure avec lequel elle forme l'accord de domi_nante avec septième; ou l'accord de quinte diminuée.

La dominante, l'accord de tonique; ou l'accord de dominante mineure; ou celui de dominante majeure simple ou avec 7e.

Le sixième degré, l'accord de sous_dominante; ou celui de quinte diminuée.

Le septième degré, (non sensible) l'accord de dominante mineure.

Le septième degré, (sensible) l'accord de dominante majeure simple ou avec septième.

EXERCICES À FAIRE SUR LA SEPTIÈME LEÇON.

Voici un chant conçu dans le mode mineur et accompagné d'après les accords désignés dans le tableau précédent Mais l'élève devant s'habituer à la marche des parties, devra désormais accompagner les chants comme j'accompagne celui_ci, c'est_à_dire, avec quatre parties distinctes. Ce traité étant plus spécialement destiné aux pianistes et aux chanteurs qu'à ceux qui veulent faire une étude approfondie de la science harmonique, les quatre parties auxquelles on peut quelquefois ad_joindre une note de plus, sont disposées comme un accompagnement de piano. Les octaves qui se rencontrent entre le chant et une des parties supérieures de l'accompagnement, (comme dans les quatre premières mesures) ne sont point considérées comme des fautes, parceque le chant est indépendant de l'accompagnement. Cette tolérance ne s'étend pas toutefois aux quintes qui sont toujours mauvaises.

L'accord de quinte diminuée (qui produit le plus d'effet dans son premier renversement) se résoud à la quinte inférieure sur l'accord majeur de dominante avec ou sans septième, de la manière suivante.

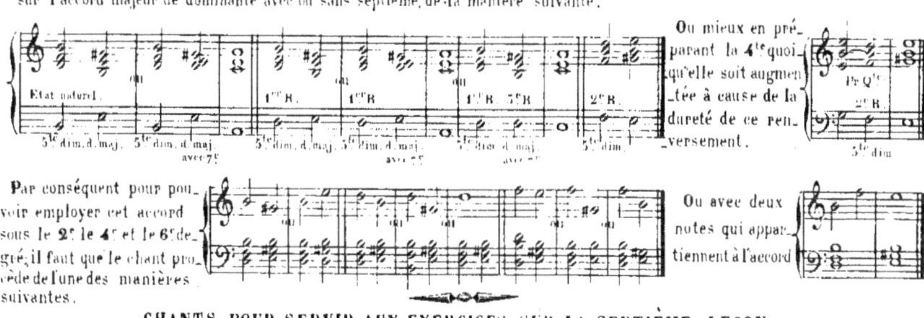

CHANTS POUR SERVIR AUX EXERCICES SUR LA SEPTIÈME LEÇON.

(1)

(2)

(3)

(4)

HUITIÈME LEÇON.

SUITE DES ACCORDS SOUS LA GAMME MAJEURE.

Jusqu'à-présent, je n'ai parlé que des accords majeurs qui peuvent se placer sous chaque note de la gamme majeure, et en effet, ce sont les plus naturels; mais il existe des accords mineurs qui peuvent s'y placer également bien. Une règle générale expliquera la raison de ce surcroît d'accords.

Règle. On peut mettre sous une note du chant un accord quelconque, pourvu que cette note en fasse partie[1] et que les règles qui concernent la préparation et la résolution des dissonances soient observées d'ailleurs.

Mais comme je veux procéder par gradation et n'arriver aux difficultés que lorsque l'élève sera parfaitement familiarisé avec ce qui est plus facile, voici un second tableau des accords sous la gamme majeure, mais qui ajoute seulement à ceux qui sont déjà connus, les nouveaux accords dont l'emploi est le plus facile ou le plus fréquent. Les croix indiquent les nouveaux accords, et ceux dont on se sert le moins sont placés en dernier.

Ainsi: la gamme majeure peut recevoir en sus des accords déjà connus.

Sous la tonique, l'accord parfait mineur du 6e degré.[2]

Sous le second degré, l'accord parfait mineur du second degré et l'accord de quinte diminuée.

Sous la médiante, l'accord parfait mineur du sixième degré et celui de la médiante.

Sous la sous dominante, l'accord parfait mineur du second degré et l'accord de quinte diminuée.

Sous la dominante l'accord parfait mineur de la médiante.

Sous le sixième degré, l'accord parfait mineur du second degré, celui du sixième degré, et deux accords composés, savoir, l'accord de neuvième majeure et l'accord de septième de sensible.

Sous la sensible, l'accord de quinte diminuée et l'accord parfait mineur de la médiante.

L'accord de quinte diminuée qui se trouve sous le second, le quatrième et le septième degré n'a pas les mêmes propriétés que dans le mode mineur. Ici ce n'est qu'un accord de septième de dominante dont la fondamentale a été retranchée. Pour s'en convaincre, on peut 1° ajouter la fondamentale et après avoir fait la résolution régulière de cet accord devenu septième de dominante, essayer l'effet de cet accord ainsi résolu avec et sans sa fondamentale, et l'on verra qu'il est à-peu-près semblable. 2° Tenter de résoudre cet accord sur la quinte inférieure comme l'accord de quinte diminuée du mode mineur. Mais alors le résultat sera l'obligation d'ajouter un ♯ au *sol* de l'accord de **MI** (qui n'est point ici la dominante) et l'on sortira complètement du ton. Du reste quand on emploie l'accord de septième de dominante sans sa fondamentale, il est permis de faire monter la septième pourvu qu'elle se trouve au dessous de la tierce.

comme: 

---

(1) Encore une fois, il s'agit toujours du degré d'instruction de l'élève, car on verra plus tard dans la leçon qui traite de l'Appogiatura que la note du chant n'est pas toujours dans l'accord qui l'accompagne.

(2) A partir de cette leçon, de même que je me sers du nom de septième de dominante (Voyez le *Nota* de la troisième leçon) je précise les accords simples en les nommant accord parfait majeur et accord parfait mineur.

Les deux accords composés qui se trouvent sous le sixième dégré de la gamme sont de même nature. Le premier est comme je l'ai déjà dit, l'accord de Neuvième majeure, et le second est le même accord, mais dont la fondamentale a été retranchée, et qui en raison de la position de la note la plus grave, prend le nom de ***Septieme de sensible***. La raison pour laquelle ces deux accords ne se trouvent que sous le sixième degré et que je ne les ai pas placés sous le second, le quatrième, le cinquième et le septième, bien que les notes de ces degrés soient contenues dans ces accords, c'est que la note qui forme l'intervalle de neuvième (ou de septième dans l'accord de septième de sensible) ne peut se placer que dans la partie la plus élevée.(*)

La résolution naturelle de l'accord de neuvième majeure et de celui de septième de sensible se fait sur la tonique de la manière suivante.

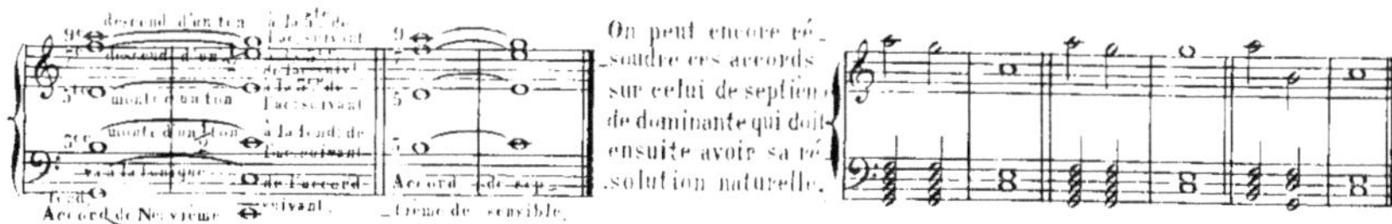

On peut encore résoudre ces accords sur celui de septième de dominante qui doit ensuite avoir sa résolution naturelle.

Par conséquent pour pouvoir employer ces accords, il faut que le chant procède de manière à ce qu'ils puissent avoir la première ou les trois dernières des résolutions précédentes.

L'accord de neuvième majeure s'emploie moins souvent que celui de septième de sensible. En outre il se renverse rarement: et si on le fait, il faut avoir soin que la fondamentale soit toujours à une neuvième de distance (au moins) de sa note la plus élevée qui est la neuvième, et jamais à une seconde seulement. La neuvième devant toujours être placée au dessus de la fondamentale dans cet accord et dans celui de neuvième mineure qu'on verra plus loin, explique pourquoi les accords composés n'ont jamais plus de ***quatre*** parties, comme il a été dit dans la deuxième leçon.

Voici des exemples des différens renversements de l'accord de neuvième majeure.

EXERCICES À FAIRE SUR LA HUITIÈME LEÇON.

Chant, dans l'accompagnement duquel se trouvent employés les anciens et les nouveaux accords, lesquels sont indiqués par une croix.

L'élève, après avoir transposé dans les divers tons majeurs le tableau qui donne la suite des accords sous la gamme majeure, afin de se bien familiariser avec ceux qui sont nouveaux pour lui, accompagnera les chants suivans en employant les nouveaux accords qu'il placera à volonté dans leur état naturel ou dans tous leurs renversemens à l'instar de l'exemple qui précède.

(*) Cependant dans un solo, une voix ou un instrument grave faisait entendre le sixième degré du ton, on pourrait également accompagner cette note de l'un de ces deux accords, parce qu'une partie qui chante, lors même qu'elle se trouve en réalité au dessous d'un accompagnement, fait l'effet d'être au dessus, si son timbre est différent de celui de l'instrument qui l'accompagne.

CHANTS POUR SERVIR AUX EXERCICES SUR LA HUITIÈME LEÇON.

NEUVIÈME LEÇON.

SUITE DES ACCORDS SOUS LA GAMME MINEURE.

De même que sous la gamme majeure on peut prendre des accords mineurs, on peut prendre des accords majeurs sous la gamme mineure. Cependant, il faut dire qu'ils ne lui appartiennent pas franchement, et qu'on passe toujours momentanément dans un ton majeur lorsqu'on les emploie. Le mode mineur étant plus propre à exprimer la tristesse que le mode majeur, on y évite presque tout-à-fait les accords parfaits majeurs dans des morceaux destinés à être particulièrement sombres comme les marches funèbres, &. Malgré cela, comme on peut les employer, il faut les connaître. On trouvera donc ici un second tableau des accords sous la gamme mineure; j'y indique par une croix comme dans le second tableau des accords sous la gamme majeure, ceux que l'élève ne connaît pas encore, en ayant soin également de mettre en dernier ceux dont l'emploi est moins fréquent.

Ainsi la gamme mineure peut recevoir en sus des accords déjà connus:

Sous la tonique, l'accord parfait majeur du 6e degré.

Sous le second degré, l'accord de neuvième mineure, celui de septième diminuée, et l'accord parfait majeur du 7e degré non haussé.

Sous la médiante, l'accord parfait majeur du 6e degré et l'accord parfait majeur de la médiante.

Sous la sous-dominante, l'accord de neuvième mineure, celui de septième diminuée et l'accord parfait majeur du 7e degré non haussé.

Sous la dominante, l'accord parfait majeur de la médiante.

Sous le sixième degré l'accord de neuvième mineure, celui de septième diminuée et l'accord parfait majeur du 6e degré.

Sous le septième degré non haussé, l'accord parfait majeur de la médiante et celui du septième degré non haussé.

Sous le septième degré haussé (sensible) l'accord de neuvième mineure et celui de septième diminuée.

Ce tableau comme on voit est plus riche que celui de la gamme majeure, ce qui tient d'abord, comme on sait, à la facilité qu'on a de hausser la septième note en la considérant comme sensible ou de la laisser dans son état naturel, et ensuite à l'emploi moins restreint de l'accord de neuvième mineure que de celui de neuvième majeure. Dans ce dernier, il faut que la note qui forme la neuvième soit dans la partie la plus élevée. Ici elle peut se placer dans n'importe quelle partie haute l'on veut, pourvu qu'elle soit au moins à une 9e de distance de la fondamentale. Mais on ne peut en aucun cas la placer au dessous de sa fondamentale; c'est pour cela que dans le tableau actuel cet accord figure sous le 2e le 4e le 6e et le 7e degré et que la dominante seule en est exceptée. Il ne se renverse pas avec ses cinq notes; mais si l'on retranche sa fondamentale, l'accord qui en dérive, et qui étant composé de trois tierces mineures forme l'intervalle et prend le nom de ***septième diminuée***, se renverse de toutes les manières et s'emploie bien plus souvent que son générateur. Tous les deux demandent comme l'accord de neuvième majeure et celui de septième de sensible à être suivi de l'accord de tonique. Leur résolution régulière se fait de la manière suivante:

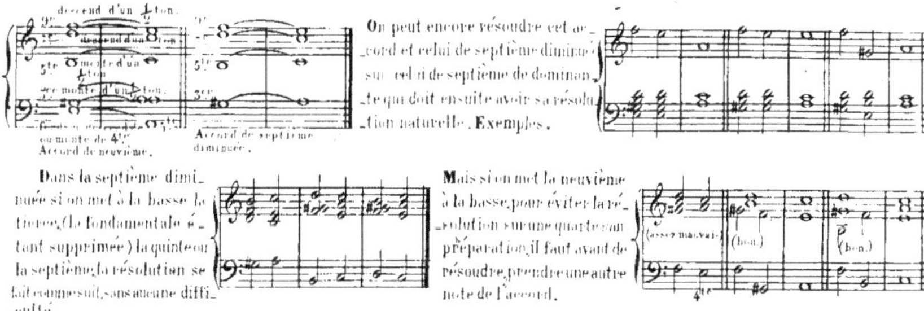

On peut encore résoudre cet accord et celui de septième diminuée sur celui de septième de dominante qui doit ensuite avoir sa résolution naturelle. Exemples.

Dans la septième diminuée si on met à la basse la tierce, (la fondamentale étant supprimée) la quinte ou la septième, la résolution se fait comme suit, sans aucune difficulté.

Mais si on met la neuvième à la basse, pour éviter la résolution sur une quarte sans préparation, il faut avant de résoudre, prendre une autre note de l'accord.

D'après tous ces exemples, on voit que pour employer ces deux accords, il faut que le chant procède de manière à ce qu'on puisse les faire suivre de l'accord de tonique. La septième diminuée peut même s'employer quelquefois dans le mode majeur et faire sa résolution sur une tonique majeure.

EXERCICES À FAIRE SUR LA NEUVIÈME LEÇON.

Dans le chant suivant, les anciens et les nouveaux accords sont employés. Ces derniers sont indiqués par des croix.

L'élève, après avoir transposé dans les divers tons mineurs le tableau qui donne la suite des accords sous la gamme mineure, afin de se bien familiariser avec ceux qui sont nouveaux pour lui, accompagnera les chants suivans de deux ou trois manières différentes, en employant les nouveaux accords qu'il placera à volonté dans leur état naturel ou dans tous leurs renversemens.

CHANTS POUR SERVIR AUX EXERCICES SUR LA NEUVIÈME LEÇON.

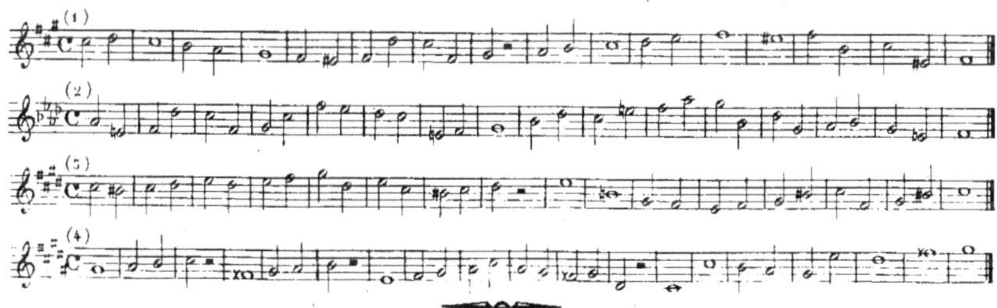

(a) La demi-pause du chant est remplie par un accord. L'élève pourra en faire de même, toutes les fois qu'il prévoira par là un bon effet.

(b)(c)(d) J'ai dit au commencement de cette leçon que les accords parfaits majeurs qu'on peut prendre sur une gamme mineure ne lui appartiennent pas en propre. Le chant précédent en est une preuve. Dans les trois mesures b, c, d, j'ai pris les accords parfaits majeurs de la médiante et du septième degré: [illegible] on passe effectivement en *ut* majeur où ces accords sont ceux de la tonique et de la dominante.

DIXIÈME LEÇON.

LES NOTES ACCIDENTELLES EN GÉNÉRAL, ET EN PARTICULIER LES NOTES DE PASSAGE

Toute personne qui a la moindre idée de musique sait par expérience que chaque note d'un chant ne s'accompagne pas; mais qu'au contraire, on voit souvent une mesure et même davantage conserver une seule note de basse ou frapper plusieurs fois le même accord, tandis que le chant se livre à toutes sortes de caprices. Les notes qui n'ont pas besoin d'accompagnement s'appellent ***notes accidentelles*** par opposition à celles qui en ont besoin et qui se nomment ***notes réelles***. Il existe cinq espèces de notes accidentelles. Celles dont il faut s'occuper d'abord sont les notes de passage.

Je vais donc expliquer à quoi l'on reconnaît ces sortes de notes; mais je commencerai par faire observer qu'il n'y a point de notes ***forcément*** accidentelles. Car le compositeur regarde souvent la même note tantôt comme note réelle et tantôt comme note accidentelle, lorsqu'en répétant plusieurs fois un chant, il veut en varier l'accompagnement; on pourrait même tout accompagner si l'on voulait, mais l'effet en serait lourd et fatigant. Il faut donc bien se rappeler qu'il n'y a point de notes ***forcément accidentelles*** mais qu'il y a des notes ***forcément réelles***.

1° Lorsque dans un chant, des notes se suivent par degrés conjoints, on peut regarder comme notes de passage celles que l'on veut, hormis la première.

2° Dès que deux notes du chant font un saut quelconque, tel que d'une sixte, d'une tierce, même d'une seconde augmentée, on ne peut plus regarder comme note de passage ni l'une ni l'autre de ces notes, et elles exigent des accords qui les contiennent.

3° La première note d'une mesure doit s'accompagner, et le plus souvent on accompagne la note qui entre avec le second temps fort, à moins qu'on ne veuille faire servir le même accord pour toute la mesure, ou que le mouvement ne soit assez prompt.

Plus tard on verra des exceptions à ces deux dernières règles; mais pour le moment l'élève doit les observer scrupuleusement.

Je prendrai pour exemple le chant suivant destiné à recevoir deux accompagnemens différens. Selon les accords qui entreront dans l'un ou l'autre de ces accompagnemens, on verra que certaines notes du chant peuvent être réelles ou accidentelles, et que d'autres sont toujours notes réelles par leur nature. La lettre **R** indique note ***réelle*** et la lettre **P** note de ***passage***.

Comme il ne s'agit absolument que de la manière d'accompagner un chant où les notes accidentelles se trouvent mêlées aux notes réelles, j'ai mis l'accompagnement sur une seule portée.

Voici un autre exemple par lequel on verra que l'on peut orner l'accompagnement en y plaçant également des notes de passage. Pour faire comprendre les deux accompagnemens différens, les **P** placés ***au dessus*** du chant indiquent les notes regardées comme notes de passage dans le 1.er accompagnement, et les **P** placés ***au dessous*** celles qui sont regardées comme notes de passage dans le second.

Dans la cinquième mesure, le chant fait entendre une note de passage en même temps que la basse du second accompagnement frappe l'accord marqué d'une croix. Ce cas est fréquent; mais il ne peut avoir lieu que lorsqu'on a entendu déjà le même accord frappé auparavant sous une note réelle du chant. Il ne faut pas s'étonner non plus de ce que dans les premières mesures de ce meme accompagnement le chant et l'accompagnement réunis ne forment en tout qu'une harmonie ***à trois parties***. Comme il ne s'agit dans ce traité que de l'harmonie qu'il est nécessaire aux pianistes et aux chanteurs de connaître, il suffit que le style soit correct en général, et les détails sur l'harmonie à deux, trois, cinq parties, &, seront réservés pour la seconde partie de cet ouvrage qui traitera du Contrepoint.(1)

Il faut éviter dans l'emploi des notes de passage des fautes telles que les suivantes.

On range parmi les notes de passage des traits tels que les suivans, où bien qu'il y ait des sauts, il est inutile et il serait même mauvais de changer d'accord.

(1) Comme complément de ce traité, je me propose de publier un traité élémentaire de contrepoint et de fugue débarassé des grandes difficultés qui en rendent l'étude si pénible.

(2) En théorie cet exemple est meilleur que le précédent; mais en pratique on préférerait de beaucoup le premier, surtout aujourd'hui.

EXERCICES À FAIRE SUR LA DIXIÈME LEÇON.

L'élève prendra un chant contenant des notes accidentelles et l'accompagnera *au moins* de deux manières différentes, en se rendant bien compte de ce qui doit être regardé comme note réelle et de ce qui peut l'être comme note de passage. Il sera libre de faire l'accompagnement sur une ou deux portées.

CHANTS POUR SERVIR AUX EXERCICES SUR LA DIXIÈME LEÇON.

L'adjonction des notes accidentelles pouvant donner à l'élève quelque incertitude sur le mode, j'ai soin d'indiquer désormais le ton de chaque chant et son mouvement, puisque du mouvement plus ou moins prompt, dépend le nombre d'accords qu'on peut convenablement introduire dans chaque mesure.

ONZIÈME LEÇON.

LES MODULATIONS SIMPLES.

Moduler n'est autre chose que passer d'un ton dans un autre. Je diviserai les modulations en deux classes. 1° En modulations *simples* qui consistent à passer du ton où l'on est à l'un de ceux où il n'y a qu'un accident[1] de plus ou de moins à la clef, comme de Sol en Ré, de Si ♭ en Fa, &. 2° En modulations *complexes* par lesquelles on va dans des tons où il y a plus d'un accident de différence à la clef, comme d'Ut en Si mineur, de Mi ♮ en Mi ♭, &. Je vais commencer par les modulations simples. Les modulations complexes feront le sujet de la 18e et de la 19e leçon.

Chaque ton a un relatif où les accidens qui se trouvent à la clef sont en égal nombre, et quatre où il y a un accident de plus ou de moins. Ainsi ***Sol*** majeur a ***Mi*** mineur (son relatif) où le nombre d'accidens est le même; ***Ré*** majeur et ***Si*** mineur (relatif de ***Ré***) où il y a un accident de plus; ***Ut*** majeur et ***La*** mineur (relatif ***d'Ut***) où il y a un accident de moins. C'est pourquoi on appelle par extension tous les tons avec un seul accident de différence ***tons relatifs***, de même que celui où le nombre d'accidens est le même, et par conséquent on dit que chaque ton a cinq relatifs.[2]

Pour moduler dans l'un de ces tons, il suffit de prendre l'accord de 7e de dominante du ton où l'on veut entrer[3] en le résolvant sur cette nouvelle tonique; le retour s'opère de même, c'est-à-dire en prenant la septième de dominante du ton primitif. Cet accord de septième est plus souvent renversé que dans son état naturel, mais cela dépend entièrement du goût.

Voici des exemples de modulations dans tous les tons relatifs.

(1) On entend par *accidens* les dièses et les bémols. Les bécarres servent à annuler l'effet des accidens.

(2) Il en est de même de tous les tons, et par conséquent du ton d'Ut majeur, quoiqu'il paraisse difficile qu'il y ait un ton avec un accident de moins; mais le ♭ étant le contraire du ♯, le ton de Sol est considéré comme ayant un accident de plus, et celui de Fa comme ayant un accident de moins.

(3) On peut se contenter de ne prendre que l'accord parfait majeur de dominante du ton dans lequel on veut aller; mais dans ce cas la modulation est plutôt passagère. La modulation complette exige l'accord de septième.

La modulation d'Ut en Mi mineur est la plus éloignée, ce qui tient d'abord au *fa* ♯ appartenant au ton de *mi*, et ensuite au *Re* ♯ qu'on est obligé d'employer pour produire la septième de dominante, de sorte que cette modulation serait plus douce si l'on mettait entre l'accord d'*ut* majeur et la septième de dominante de *mi* mineur un accord mineur commun à ces deux tons. Ainsi dans la modulation suivante qui est très-douce, je prends l'accord de *la* mineur pour opérer cette transition, et cet accord peut se regarder soit comme celui de sixième degré du ton d'Ut, soit comme celui de de la sous-dominante du ton de Mi.

Lorsque dans le cours des modulations on altère une note, comme par exemple, si immédiatement après un *ut*, on fait entendre un *ut* ♯ ou un *ut* ♭, il faut avoir soin que l'altération se fasse dans la même partie que la note primitive. La violation de cette règle produit ce qu'on appelle une ***fausse relation entre deux parties***, ou tout simplement une ***fausse relation***. L'habitude fera ici plus que la théorie. Disons seulement que comme le plus souvent les fausses relations produisent un mauvais effet, les cas analogues aux deux fausses relations permises ci-dessous sont presque les seuls qu'on puisse employer sans blâme.

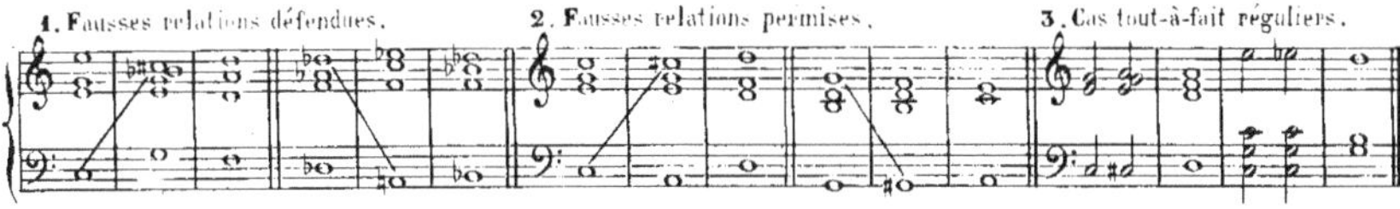

EXERCICES À FAIRE SUR LA ONZIÈME LEÇON.

L'exercice consistera à faire des modulations dans les tons relatifs en partant de n'importe quelle tonique. Selon les goûts ou les habitudes de l'élève il pourra s'exercer sur le papier ou en préludant sur le piano; mais dans ce dernier cas il faut qu'il fasse plus que jamais attention à bien lier les parties et à ne pas déranger les mains inutilement. Il faudra qu'il se rende parfaitement compte de ce qu'il faut regarder comme tons relatifs, et il accompagnera (sur deux portées à part) chacun des deux chants suivans qui modulent dans ces divers tons.

CHANTS POUR SERVIR AUX EXERCICES SUR LA ONZIÈME LEÇON.

DOUZIÈME LEÇON.

LES ACCORDS DE SEPTIÈME EN GÉNÉRAL.

Jusqu'à présent les seules septièmes dont j'ai parlé, sont la septième de dominante et les septièmes qui dérivent des neuvièmes majeure et mineure. Mais j'ai dit dans la seconde leçon qu'il existe plusieurs variétés parmi les accords de septième. On peut les diviser en quatre espèces, outre la septième diminuée et la septième de sensible. Chacun de ces accords ayant un aspect différent, je crois essentiel, avant d'indiquer la manière de les employer, d'expliquer plus amplement qu'on ne l'a fait jusqu'ici, leurs caractères et leur origine.

1. Septième de première espèce ou septième de dominante.

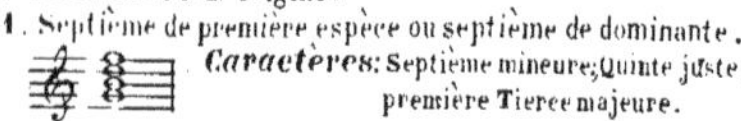

Caractères: Septième mineure; Quinte juste, première Tierce majeure.

2. Septième de seconde espèce.

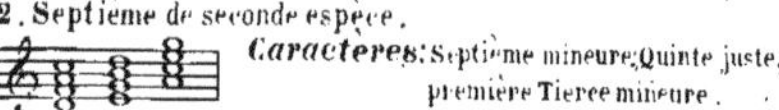

Caractères: Septième mineure; Quinte juste; première Tierce mineure.

3. Septième de Troisième espèce

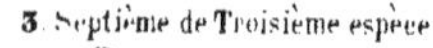

Caractères: Septième mineure; Quinte diminuée.

4. Septième de quatrième espèce

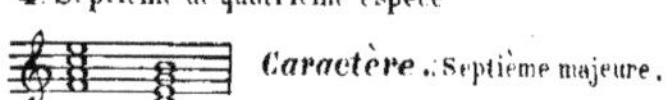

Caractère.: Septième majeure.

La raison pour laquelle il y a différentes espèces d'accords de septième réside dans les accords simples qui en forment les bases. Ainsi, tout accord simple au dessus duquel on ajoute une tierce forme un accord de septième; par conséquent, sur tous les degrés de la gamme qui produisent un accord parfait mineur (n'importe le mode) il faut que la septième soit de seconde espèce. Sur les degrés qui produisent l'accord de quinte diminuée la septième ne peut être que de troisième espèce. Quant aux degrés qui produisent l'accord parfait majeur, ils peuvent faire naître la septième de 1re et de 4e espèce; mais comme en *Ut* majeur (par exemple) le *Fa* n'est pas dièsé, la septième est ***forcément*** mineure sur la dominante; de même elle est ***forcément*** majeure sur l'accord de tonique et sur celui de la sous-dominante, parce que ni le *Si* ni le *Mi* ne sont bémolisés.

Parmi les accords de septième de seconde et de troisième espèce, on ne peut employer avec effet que ceux qui ont pour basse fondamentale le second degré du ton. Les deux autres accords de septième de seconde espèce qui ont pour basse fondamentale le troisième et le sixième degré du ton; et l'accord de septième de troisième espèce qui a pour basse fondamentale le septième degré, ne servent que dans les ***marches*** ou ***progressions*** harmoniques dont il sera question à la fin de cette leçon. Il faut donc que la note de chant sous laquelle on veut placer ces accords, soit le 1er, le 2e, le 4e ou le 6e degré du ton.

Excepté la septième de première espèce, il est facile de remarquer que les trois autres sont extrêmement dissonantes; mais il existe un moyen de faire disparaître ou du moins d'atténuer l'effet rude que ces accords produisent, effet qui tient à l'intervalle de septième majeure ou à celui de septième mineure placé au dessus de la basse d'un accord déjà mineur ou dissonnant. Ce moyen est de préparer cet intervalle de même qu'on prépare la quarte. En voici des exemples.

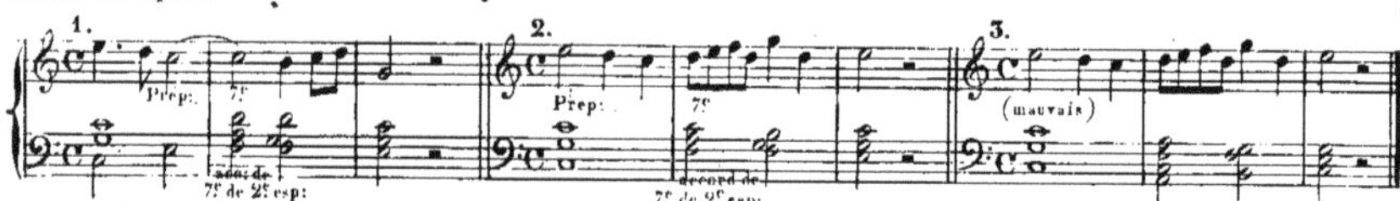

Dans le premier exemple on voit que l'intervalle de septième se trouve dans la partie du chant. Pour accompagner cet *Ut* d'un accord de septième, (ce qui n'était pas du reste obligatoire) il fallait que la ***même note*** se trouvât immédiatement auparavant dans la ***même partie de chant***.

Dans le second exemple dont les cas sont bien plus fréquens, il suffisait pour pouvoir placer sous le *Ré* de la seconde mesure un *Ut* dans l'accompagnement (ce qui forme la septième,) que le chant précédent permît d'annoncer d'avance cette ***même note*** dans la ***même partie d'accompagnement*** comme je l'ai dit plus haut; mais le troisième exemple où l'*Ut* se trouve à la première mesure dans une partie intermédiaire et à la seconde dans une autre, est défectueux, et la septième ***n'y est point préparée***.

La position où l'accord de septième de seconde et celui de troisième espèce produisent le meilleur effet est leur premier renversement, c'est à dire en mettant leur tierce à la basse. Leur résolution naturelle se fait à la quinte inférieure sur l'accord parfait majeur de la dominante, ou sur l'accord de septième de dominante suivie de sa résolution naturelle. La 7e (note dissonnante) doit invariablement descendre d'un degré.

1° Septième de seconde espèce (ou de 3e espèce si l'on transpose cet exemple en *Ut* mineur mais en laissant toujours le Si ♮)

État naturel. Idem. 1er Renversement. Id: 2e Renversement. 3e Renversement.

Pour employer l'accord de septième de quatrième espèce, (lequel, à part les marches ou progressions, ne se pratique que lorsqu'il a pour basse fondamentale le 4e degré du mode majeur ou le 6e du mode mineur) il faut 1° en préparer la septième; 2° résoudre cet accord à la quinte inférieure sur l'accord de septième de troisième espèce; 3° résoudre celui-ci à la quinte inférieure sur l'accord de septième de dominante;(*) 4° résoudre l'accord de septième de dominante à la quinte inférieure sur l'accord parfait de la tonique. D'après la résolution compliquée de cet accord, à moins de vouloir produire des effets d'harmonie, il est rare qu'on puisse s'en servir dans l'accompagnement d'un chant.

2° Septième de quatrième espèce.

Résolution bonne aussi.

Etat naturel. — idem. — idem. — 1er Renversement. — 2e Renversement. — 3e Renversement.

On voit que même bien préparé et résolu de la manière la plus avantageuse, c'est-à-dire suivi d'une septième de troisième espèce qui va à la septième de dominante, l'accord de septième majeure est toujours dur. Quand les septièmes de seconde, troisième et quatrième espèce sont placées dans leur second renversement il faut, outre la septième, préparer aussi la quarte. La quarte est augmentée dans la septième de troisième espèce, mais il est bon malgré cela de la préparer, parce que cet accord joue dans un ton mineur précisément le même rôle que la septième de seconde espèce dans un ton majeur. Si l'on emploie la septième de quatrième espèce dans un ton majeur, on est conduit par la marche forcée des accords qui doivent la suivre, dans le ton mineur relatif; mais si on l'emploie dans un ton mineur on reste dans le ton.

Il existe des ***progressions*** ou ***marches harmoniques*** et ***mélodiques*** où cette dernière septième peut se rencontrer ainsi que toutes les autres, et sur tous les degrés possibles, sans être astreintes aux règles de résolution énoncées ci-dessus. La raison en est que lorsqu'il se présente une petite phrase de chant qu'on répète symétriquement en la baissant ou en la haussant, si on veut l'accompagner symétriquement aussi, tel accord de septième qui se trouve être septième de dominante la première fois qu'elle se présente, change de nature en changeant de degré. Il faut surtout bien se garder dans ce cas là de diéser ou de bémoliser certaines notes de l'accompagnement, quelque nécessaires que ces altérations puissent paraître à l'oreille, car ***les accords doivent tous être pris dans le ton.***

En voici deux exemples.

1re acc. parf. maj. — 4e acc. de 5te dim. — 2e acc. parf. min. — 2e acc. parf. maj. — 1re — 2e — 3e — 4e

Dans la progression suivante il n'y a que des accords de septième. Dans ces cas-là on commence par la septième que l'on veut, pourvu qu'elle soit préparée si elle n'est pas de première espèce. Le dernier accord de septième doit être la septième de dominante, et il faut observer 1° que ***la tierce d'un accord prépare toujours la septième de l'accord suivant*** et que ***la septième d'un accord descend toujours à la tierce de l'accord suivant,*** et 2° que le premier renversement alterne avec le troisième, et le second avec l'accord sans renversement.

Pour achever ce qu'il y a à dire sur les septièmes, je ferai observer que bien que la septième de troisième espèce se compose des mêmes élémens que la septième de sensible, on ne doit pas les confondre; car la septième de sensible ne s'emploie qu'en majeur, doit être suivie de l'accord de tonique et ***pourrait toujours*** recevoir en dessous la dominante du ton, ce qui en ferait une neuvième majeure; tandis que la septième de troisième espèce ne s'emploie qu'en mineur, doit être suivie de l'accord parfait majeur de dominante et ***ne pourrait jamais*** recevoir en dessous une note qui dans ce cas-là ne serait plus la dominante du ton, mais le septième degré non haussé.

(*) On peut résoudre l'accord de septième de troisième espèce [illegible] comme lorsqu'il s'emploie dans les cas habituels.

EXERCICES À FAIRE SUR LA DOUZIÈME LEÇON.

L'élève cherchera en accompagnant les chants ci-après l'occasion d'employer les septièmes de seconde, troisième et quatrième espèce, en observant bien les règles de leur préparation et de leur résolution. Mais comme il pourrait lui sembler difficile, en examinant un chant, de bien saisir à première vue les circonstances où ces accords peuvent etre placés convenablement, j'ai cru utile d'en donner un pour exemple où diverses espèces de septièmes sont employées tour à tour, et analysées par rapport à leur nature et leur position.

CHANTS POUR SERVIR AUX EXERCICES SUR LA DOUZIÈME LEÇON.

(*Nota*) Le cinquième chant assez difficile à accompagner exige un accord sous chaque note. C'est au professeur a juger si l'élève sera en état de l'accompagner la première fois, ou si cette leçon devra être doublée.

TREIZIÈME LEÇON.

MANIÈRE DE PLACER UN ACCOMPAGNEMENT SUR UNE BASSE.

On a vu dans la leçon qui traite des notes accidentelles qu'elles peuvent se mettre dans toutes les parties et même à la basse. Or il se présente souvent des basses chantantes. Dans ces cas là, la basse est partie principale, et les parties supérieu_res sont parties d'accompagnement. L'élève qui a bien suivi les préceptes d'accompagnement que j'ai donnés dans les leçons **3, 4, 5, 7, 8, 9, 10, 11, et 12** trouvera aussi facile de placer un accompagnement au dessus d'une basse, que d'en placer un au des_sous d'un chant. Deux choses suffisent pour cela; la première est d'examiner de quels accords font partie les notes de cette bas_se chantante, et de voir si en les accompagnant d'accords dissonnans la résolution peut se faire régulièrement; la seconde est d'envisager cette basse comme un chant, et les mêmes accords qu'on aurait placés en dessous, on les placera en dessus. Seu_lement on aura soin d'éviter de regarder une note comme quinte d'un accord, si elle ne peut pas avoir une préparation et une résolution convenable, puisque cette quinte placée à la basse forme une quarte contre sa fondamentale placée dans une partie supérieure.

Je prendrai pour exemple la basse suivante.

Voici d'abord cette basse transportée à l'aigu et accompagnée comme si c'était un chant.

Voici maintenant cette basse remise à sa place et accompagnée par les parties hautes. On verra que les accords sont en général les mêmes dans les deux cas, mais que lorsque les accords qui accompagnent la basse chantante diffèrent de ceux qui avaient accompagné cette basse considérée comme chant, les règles qui concernent les notes qu'on peut regarder comme notes réelles ou comme notes de passage sont exactement les mêmes que celles que j'ai données dans la dixième leçon.

EXERCICES À FAIRE SUR LA TREIZIÈME LEÇON.

L'élève placera des accompagnemens très_simples sur des basses chantantes, d'après les règles que j'ai données plus haut.

CHANTS POUR SERVIR AUX EXERCICES SUR LA TREIZIÈME LEÇON.

(*) Le peu d'extension de la main force quelquefois de tolérer sur le Piano des octaves par mouvement semblable dans le genre de celles-ci.

QUATORZIÈME LEÇON.

LES CADENCES HARMONIQUES ET MÉLODIQUES.

Le mot ***Cadence***, harmoniquement parlant, et qu'il ne faut pas confondre avec la ***Cadence*** ou ***Trille***, signifie une suite de sons ou d'accords conduisant à un repos. On en compte plusieurs espèces en musique. 1º La ***cadence parfaite***. C'est un repos complet sur l'accord de tonique. La cadence parfaite termine tous les morceaux de musique possibles. 2º La ***demi-cadence***. C'est un repos complet sur l'accord de dominante, mais qui attend après lui le retour dans le premier ton. Dans les morceaux qui modulent, il y a autant de cadences parfaites et de demi-cadences qu'il y a de nouvelles toniques et de nouvelles dominantes. 3º La ***cadence rompue***. C'est un commencement de cadence parfaite ou de demi-cadence, mais où l'accord après lequel doit venir le repos se résoud sur un accord tout-à-fait inattendu. Pour le moment je ne vais m'occuper que des cadences parfaites et des demi-cadences. Il sera question des cadences rompues dans la leçon qui traitera des modulations complexes.

La cadence parfaite ***harmonique*** la plus habituelle se fait par l'accord parfait de tonique précédé de l'accord majeur de dominante avec ou sans septième. La demi-cadence se fait par l'accord parfait ***majeur*** de dominante précédé de celui de sa dominante avec ou sans septième. Ainsi en ***Ut***, par exemple, la cadence parfaite se fait par l'accord d'***Ut*** précédé de celui de ***Sol***, et la demi-cadence se fait par l'accord de ***Sol*** précédé de celui de ***Ré***, dominante du ton de ***Sol***.

Quant à la cadence ***mélodique*** (c'est-à-dire repos dans la partie chantante) il suffit de dire que la cadence parfaite ne se trouve que sur la tonique: ou sur la médiante, dans le cas où deux voix termineraient un duo ensemble; et alors l'une des deux voix peut s'arrêter sur cette dernière note. La demi-cadence peut se faire en s'arrêtant sur le second degré du ton, sur la sous-dominante, sur la dominante ou sur la sensible.

CADENCES MÉLODIQUES.

Voici maintenant: 1º des formules de cadences parfaites harmoniques.

Ces formules sont toutes dans le mode majeur; pour les faire servir au mode mineur, il suffit de placer un bémol à toutes les tierces et les sixtes du ton.

2º Des formules de demi-cadences harmoniques.

La septième diminuée du cinquième exemple des cadences parfaites se résoud d'une manière toute particulière et n'appartient pas au ton d'Ut. Dans les cadences on prend la septième diminuée du ton de la dominante et la fondamentale ***apparente*** (tierce de l'accord de neuvième) est la seule note qui se résolve suivant les règles; car la tierce descend d'un ton, la quinte reste à sa place et la septième monte d'un demi-ton, comme on a pu le voir. Une autre observation à faire sur les cadences, c'est que le second renversement de l'accord parfait n'exige point la préparation de sa quarte comme on l'a vu dans le troisième exemple des cadences parfaites. C'est la seule exception à la règle qui concerne cet intervalle.

Une particularité à observer lorsqu'on emprunte au ton de la dominante sa septième diminuée ou sa septième de dominante, comme cela se pratique dans les cadences, c'est qu'on peut leur faire subir une altération. Cette altération consiste à baisser d'un demi-ton la quinte de l'accord de septième de dominante et la tierce de l'accord de septième diminuée. Ce sont les accords qui sont marqués d'une croix dans les tableaux précédens. Quant à leur résolution, elle se fait absolument comme celle de ces mêmes accords non altérés, sauf que dans la septième diminuée altérée, la tierce qui subit cette altération descend d'un demi-ton au lieu de monter d'un demi-ton comme lorsqu'elle n'est pas altérée.

Voici toutes les manières possibles d'employer ces accords, soit en majeur soit en mineur, puisqu'il n'y a qu'à faire le premier accord mineur dans tous ces exemples pour qu'ils puissent servir au ton *d'Ut* mineur.

On voit que la résolution du premier accord se fait toujours sur la dominante majeure; mais celle du second peut encore se résoudre dans les formules de cadences parfaites, de même que la septième diminuée, sur le second renversement de l'accord de tonique, comme dans les exemples 8 et 9. L'exemple 9 est pris, (quant aux accords) du chœur des Buveurs du Comte Ory. Il est bon de remarquer qu'en altérant ainsi la septième diminuée et la septième de dominante, cette altération se place presque toujours à la basse. Il me reste une observation à faire sur la résolution de l'accord de septième diminuée altérée. L'exemple 1 est répréhensible parce qu'il y a deux quintes dans la résolution; on ne voit cependant que trop souvent cette faute chez les meilleurs compositeurs. Les moyens de l'éviter sont, de prendre une autre note de l'accord avant de le résoudre comme dans l'exemple 2, et encore mieux dans l'exemple 3 où la quinte de l'accord descend; de supprimer la note qui expose aux deux quintes comme dans l'exemple 4; et enfin, de changer l'accord de septième diminuée en celui de septième de dominante altérée avant d'opérer la résolution comme dans l'exemple 5.

Quant aux notes du chant sous lesquelles ces accords peuvent se placer, il suffit de dire que chaque fois que la mélodie fait une demi-cadence sur le second degré, la dominante, ou la sensible du ton, on peut placer l'un ou l'autre de ces accords sous les notes qui précèdent le repos, pourvu qu'il ne s'y rencontre pas la tierce majeure de la tonique.

(★) Ces accords ainsi altérés ont été pris pour des accords spéciaux, et on les a improprement nommés, accord de *sixte augmentée*, et accord de *sixte et quarte augmentées*. Je dis improprement, pour deux raisons. 1° En les regardant comme des accords à part, on est obligé d'introduire dans chaque ton des notes qui lui sont étrangères, telles que *Fa* ♯, *La* ♭ et *Mi* ♭ dans le ton *d'Ut*. 2° Il faut violer en leur faveur deux principes fondamentaux, dont le premier est que toutes les notes d'un accord se suivent en montant progressivement de tierce en tierce, et le second, que tous les accords dissonnans se résolvent en faisant descendre d'une quinte leur basse fondamentale; car la septième de sensible et la septième diminuée elles mêmes, n'ont l'air de déroger à ce principe que parce qu'elles sont des fragmens d'autres accords composés; et quant aux résolutions par exception, ce sont en quelque sorte des licences musicales. La principale raison pour laquelle les accords de septième de dominante et la septième diminuée altérés ont été pris pour des accords nouveaux, tient à ce qu'en les altérant ainsi, ce n'est jamais la fondamentale qu'on place à la basse.

Du reste, cette altération est facultative, car dans toutes les occasions où ces accords se rencontrent, on est libre de leur substituer des accords de septième de dominante ou de septième diminuée non altérés. Elle n'est pas même de très-ancienne date, car on la chercherait en vain dans les compositeurs d'une époque un peu reculée.

Il ne reste plus pour finir cet article que de parler de la cadence ***plagale*** et de la cadence ***prolongée***.

La cadence plagale, beaucoup moins usitée aujourd'hui qu'elle ne l'était il y a deux ou trois cents ans, est une cadence parfaite, mais où l'accord qui précède la tonique est celui de sous-dominante. Cette cadence, dans la musique sérieuse, et particulièrement dans la musique d'église, produit souvent le plus grand effet, surtout quand elle est précédée de la cadence parfaite ordinaire.

La cadence prolongée ne demande point d'exemple. C'est tout simplement une cadence parfaite, ou une demi-cadence qui se répète plusieurs fois de suite, avant qu'on ne s'y arrête définitivement.

EXERCICES À FAIRE SUR LA QUATORZIÈME LEÇON.

Il n'y a point d'exercice spécial à faire sur cette leçon. Seulement je donnerai quelques chants qui fourniront à l'élève l'occasion de se servir des accords altérés, ainsi que celle d'employer différentes cadences harmoniques.

CHANTS POUR SERVIR AUX EXERCICES SUR LA QUATORZIEME LEÇON.

QUINZIÈME LEÇON.

L'ANTICIPATION ET L'APPOGIATURA MÉLODIQUE.

Après avoir long-temps quitté les notes accidentelles, j'y reviens. L'***Anticipation*** est une note accidentelle, ordinairement de courte valeur, qui se trouve comme jetée à la fin d'une phrase musicale, et qui attend l'accord suivant pour se rattacher à quelque chose dans l'harmonie. On reconnaît cette seconde espèce de notes accidentelles; 1° à ce qu'elle est toujours la dernière note qui se fasse entendre avant le changement d'accord; 2° à ce qu'on ne peut pas la regarder comme note de passage, et que malgré cela, elle n'appartient point à l'accord ***sur*** ou ***sous*** lequel elle se trouve; 3° à ce qu'elle est toujours note réelle de l'accord suivant. On peut faire des anticipations dans toutes les parties, même à la basse, et on anticipe quelquefois des accords entiers.

En voici des exemples; les anticipations sont indiquées par des croix.

Dans l'exemple 5, très-fréquent dans le Récitatif, l'*Ut* est l'anticipation de l'accord d'*Ut* sous-entendu, mais que l'oreille suppose d'après l'accord de septième de dominante qui le précède.

L'appoggiatura (troisième espèce de notes accidentelles) porte un nom italien qui signifie **appui** ou **note d'appui**. Les personnes qui chantent reconnaîtront facilement cette sorte de notes toutes les fois qu'elle se présente, mais en faveur de celles qui ne chantent pas, je vais donner les caractères par lesquelles on peut la distinguer.

Il faut commencer par dire qu'il existe deux sortes d'appoggiatura. 1º L'appoggiatura mélodique. 2º L'appoggiatura harmonique, connue sous le nom de **suspension**. Cette leçon ne traitera que de l'appoggiatura mélodique et de ses rapports communs avec la suspension.

SIGNES CARACTÉRISTIQUES.

1º L'appoggiatura commence une mesure ou un temps fort et **n'est point note réelle**. L'accord avec lequel elle se frappe **n'appartient qu'à la note qui la suit**. Ce caractère est commun à l'appoggiatura mélodique et à l'appoggiatura harmonique, et a un certain rapport avec l'anticipation, quoique l'anticipation ne se fasse entendre au contraire qu'à la fin des mesures ou des temps.

2º Toutes les appoggiatura pourraient s'écrire en petites notes si l'on voulait, pour prouver encore mieux que l'accompagnement qu'elles reçoivent **n'appartient qu'à la note qui les suit**, d'où leur est venu le nom de **petites notes** ou notes **de goût**. Ce caractère est encore applicable aux deux sortes d'appoggiatura.

3. Un troisième signe caractéristique, mais qui appartient exclusivement à l'appoggiatura mélodique, c'est qu'après une note réelle, on peut prendre **en sautant** une note qui n'exige point un nouvel accord, pourvu que cette dernière note rentre dans les conditions suivantes qui sont communes à l'appoggiatura et à la suspension.

Elle doit se résoudre. 1º En descendant d'un ton ou d'un demi-ton. 2º En montant d'un demi-ton. 3º En montant d'un ton, mais dans ce cas-là, sur la médiante ou sur la sensible seulement. Du reste l'appoggiatura peut se placer dans toutes les parties et même dans plusieurs parties à la fois.

1º APPOGGIATURA SIMPLES.

Les appoggiatura sont indiquées par des croix.

2º APPOGGIATURA DOUBLES ET TRIPLES.

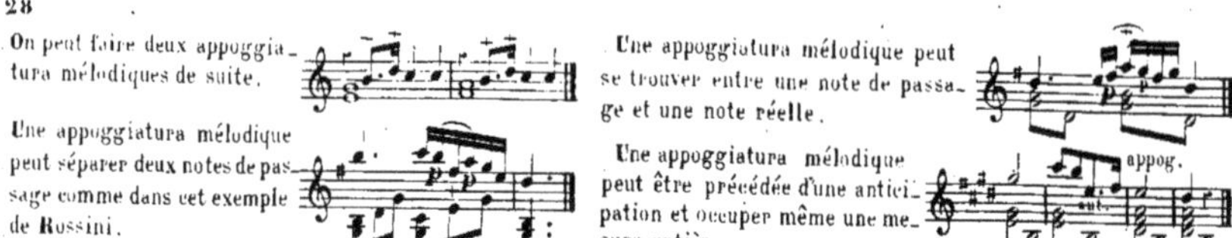

On peut faire deux appoggiatura mélodiques de suite.

Une appoggiatura mélodique peut séparer deux notes de passage comme dans cet exemple de Rossini.

Une appoggiatura mélodique peut se trouver entre une note de passage et une note réelle.

Une appoggiatura mélodique peut être précédée d'une anticipation et occuper même une mesure entière.

L'élève connaissant maintenant les notes de passage et l'appoggiatura mélodique, je puis expliquer ce que c'est que les prétendus accords de ***Quinte augmentée*** et de ***Quinte augmentée avec septième***. Dans les traités d'harmonie, on lit que l'accord de quinte augmentée est l'accord parfait majeur dont on hausse la quinte d'un demi-ton, et que la quinte augmentée avec septième est l'accord de septième de dominante dont on altère également la quinte. Mais cette quinte augmentée, soit qu'on la place sur l'accord parfait ou sur la septième de dominante, n'est autre chose qu'une note de passage ou une appoggiatura comme le prouveront les exemples suivans qui renferment peut-être tous les cas praticables.

1° Prétendu accord de quinte augmentée.

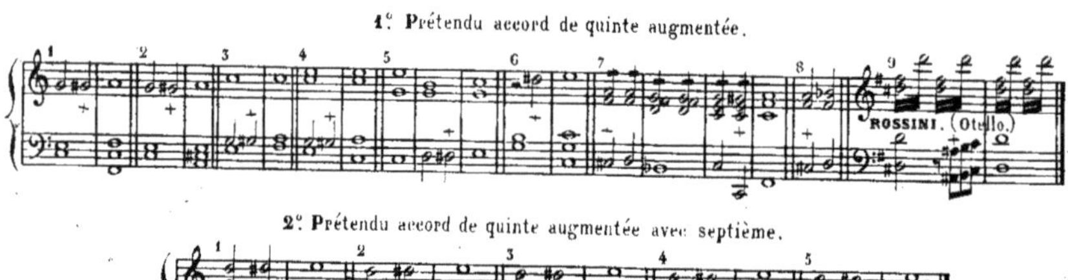

2° Prétendu accord de quinte augmentée avec septième.

1 2 3 4 5

Dans les exemples **1, 2, 3, 4** et **5** du prétendu accord de quinte augmentée, la note qui produit cet intervalle est une note de passage; dans les exemples **6** et **9** ce sont également des notes de passage dont la note réelle est sous-entendue, mais que l'oreille se représente parfaitement. Dans la première mesure de l'exemple **7** c'est une appoggiatura; dans la troisième mesure du même exemple, le ***Sol #*** n'est qu'une note de passage quoique frappée quatre fois; car elle pourrait aussi bien être remplacée par une tenue. L'exemple **8** donne l'accord de ***Si ♭*** renversé et précédé d'une appoggiatura double; et dans les cinq exemples du prétendu accord de quinte augmentée avec septième, le ***Ré #*** est une note de passage qui se frappe en même temps qu'une note réelle, ce qui est un cas très-fréquent. (Voyez encore la leçon **10**, deuxième exemple.)

EXERCICES À FAIRE SUR LA QUINZIÈME LEÇON.

L'élève accompagnera des chants dans lesquels se trouveront, outre les notes de passage, des anticipations et des appoggiatura mélodiques; mais il devra désormais s'habituer à faire chanter un peu ses accompagnemens, dans le genre de celui de l'exemple suivant.

SEIZIÈME LECON.

L'APPOGGIATURA HARMONIQUE (SUSPENSION OU RETARD) ET LA SYNCOPE.

La suspension ne diffère de l'appoggiatura que parcequ'elle doit être préparée par l'accord précédent, tandisque l'appoggiatura melodique peut attaquer un accord sans préparation. En considerant les suspensions comme des appoggiatura, mais ***préparées***, on rend très-simple une des leçons les plus difficiles de toute l'harmonie. Ce rapprochement une fois établi, je conserverai dans tout le courant de cette leçon à l'appoggiatura harmonique son ancien nom de suspension, afin d'éviter les expressions longues et traînantes.

La suspension devant être préparée, devient nécessairement un retard ou une prolongation de la note précédente. La préparation de la suspension est en général aussi longue que la suspension elle-même. Elle l'est souvent davantage, et rarement moins. La suspension se fait le plus souvent sur les temps forts des mesures et la résolution (la note réelle de l'accord) sur les temps faibles. Du reste, pour juger du bon effet d'une suspension, on peut établir en principe que tout ce qui est bon comme appoggiatura est bon comme suspension, pourvu que la préparation y soit.

Voici des suspensions de la fondamentale, de la tierce et de la quinte, ou en termes plus clairs, des accords dans lesquels la fondamentale, la tierce et la quinte sont précédées d'appoggiatura préparées. Quand on suspend la tierce, on recommande de ne jamais supprimer la quinte de l'accord, et quand on suspend la fondamentale, il n'en faut jamais supprimer la tierce, car l'effet en serait pauvre et nu. Je crois nécessaire de répéter ici ce que j'ai dit dans la leçon précédente, savoir, que les appoggiatura, soit mélodiques soit harmoniques, se résolvent; 1° en descendant d'un ton ou d'un demi-ton; 2° en montant d'un demi-ton; 3° en montant d'un ton entier, mais seulement sur le 3° ou le 7° degré.

1° Suspensions de la fondamentale. 2° Suspensions de la tierce.

1. 2. 3. 1. 2. 3. 4. 5.

L'intervalle de sixte augmentée et la tierce des accords altérés

Pour employer correctement les suspensions, on fait les recommandations suivantes, dont il faut également tenir compte dans l'emploi des appoggiatura.

1° Quand on suspend une note, il ne faut pas faire entendre à côté d'elle et à distance de seconde cette même note non suspendue; mais il faut l'en éloigner au moins d'une octave comme dans les exemples suivans.

2° La note suspendue peut très-bien se placer au dessous de la suspension comme on a pu le voir dans les exemples 1 et 2 des suspensions de la fondamentale, où l'*Ut* se trouve dans une partie basse tandis que la main droite frappe *Ré* et ensuite *Ut*. Mais le contraire serait mauvais, et l'on ne doit jamais placer la note suspendue au dessus de la suspension. Voyez les exemples suivans.

Enfin il faut se rappeler qu'une suspension ou une appoggiatura ne sauve point la faute de deux octaves ou de deux quinte. Exemples.

Cet exemple est mauvais c'est comme s'il y avait.

Les suspensions n'ont pas toujours besoin d'être liées; on peut les frapper séparément et même les séparer par des pauses.

Avant de résoudre la suspension, on peut changer la position de l'accord, et même l'accord lui-même.

Il existe bien d'autres cas analogues. Ceux qui désirent en connaître un plus grand nombre peuvent consulter le savant traité d'harmonie de **Reicha**. Les suspensions à trois accords qui précèdent sont d'un effet plus sûr que celles que j'omets.

Les notes de passage peuvent très-bien s'employer avec les suspensions; mais il faut cependant qu'on entende une note réelle de l'accord au moment où la suspension se frappe.

La suspension peut se varier; mais ce moyen est très-restreint.

Enfin, une suspension peut passer par une autre note avant de se résoudre. Ce cas est très-fréquent dans la musique d'église.

Outre la résolution par seconde inférieure ou supérieure, une suspension ou appoggiatura préparée peut se résoudre en descendant de quinte, de septième, de sixte et même de quarte. C'est une résolution purement mélodique.

Je finirai ce long article par faire observer qu'il s'est introduit dans la musique moderne et surtout chez les Italiens deux espèces d'appogiatura dont je ne puis approuver l'usage, bien qu'elles soient employées très-fréquemment.

Dans le premier exemple le *fa* ♭ de la seconde mesure est une appoggiatura du *mi* ♭ de la septième diminuée, mais ce *fa* ♮ frappé avec le *fa* ♯ est très-dur, et à mon avis deux *mi* ♭ eussent été d'un effet bien plus agréable. Dans le second exemple, le *ré* et l'*ut* de la quatrième mesure ne peuvent se regarder que comme deux appoggiatura dont la première est tout-à-fait irrégulière.

Ayant terminé tout ce qui a rapport aux appoggiatura, je vais parler de la quatrième espèce de notes accidentelles appellée ***syncope***.

La ***syncope*** est un court retard d'une note réelle, d'une note passage, d'une anticipation, ou d'une appoggiatura soit harmonique soit mélodique. Elle peut se faire dans toutes les parties, mais moins à la basse, parce qu'elle contrarie la mesure. On peut lier les syncopes ou les séparer par de courts silences.

Les exemples suivans offrent les diverses manières de les employer.

La seule chose à observer dans les syncopes, c'est qu'il faut que l'harmonie soit correcte en elle-même. Ainsi l'exemple suivant est défectueux parceque l'harmonie sans syncopes est fautive.

Cet exemple est mauvais; c'est comme s'il y avait sans syncopes.

EXERCICES À FAIRE SUR LA SEIZIÈME LEÇON.

Les exercices à faire sur cette leçon sont des exercices pratiques où l'on cherchera sur le papier ou sur le Piano à faire des suites d'accords qui donnent naissance à des suspensions; ou bien encore, on choisira parmi tous les chants précédens ceux qui paraîtront les plus propres à fournir des cas de suspensions ou appoggiatura harmoniques, et on les accompagnera en conséquence (Nota). Il peut toujours y avoir suspension, excepté quand la basse fondamentale de deux accords qui se suivent procède par tierce.

Quant à la syncope, elle est assez facile à comprendre pour qu'il soit inutile de s'y exercer.

DIX-SEPTIÈME LEÇON.

LA PÉDALE.

La Pédale est une note, (la plus grave de l'harmonie) sur laquelle on peut prendre toutes sortes d'accords dans lesquels cette note entre tantôt comme note réelle, tantôt comme note accidentelle. C'est ce qui distingue une ***pédale*** d'une ***tenue***; car la tenue à la basse doit entrer comme note réelle dans tous les accords placés au dessus. La pédale ne se fait que sur la tonique ou sur la dominante, soit du ton pricipal, soit d'un des tons dans lesquels le morceau module. C'est la 5ᵉ et dernière espèce de notes accidentelles.

Le plus souvent, la pédale sur la tonique commence et finit par l'accord parfait de tonique, et la pédale sur la dominante, par l'accord majeur de la dominante avec ou sans septième. Quelquefois, mais rarement, on commence la pédale de tonique, en plaçant au dessus l'accord de dominante; la pédale est alors note accidentelle en commençant. Au lieu de donner de simples exemples théoriques, j'ai cru faire plaisir aux élèves en leur offrant dans cette leçon des passages magnifiques, tirés des plus beaux opéras français, italiens et allemands; un seul exemple qui frappe par sa beauté grave mieux un précepte dans la mémoire que dix exemples arides, mais peut-être plus exacts.

Donizetti.(Anna Bolena.) 2e Pédale sur la Dominante.

Il n'y a point de double pédale;si l'on voit quelquefois la dominante par dessus la tonique,la dominante n'est qu'une tenue;mais on pourrait doubler la pédale à l'octave et entre ces deux notes,en placer d'autres qui appartinssent aux accords qu'on met sur la pédale.

Rossini.(Guillaume Tell.) **Mozart.(Don Juan.)**

Il n'y a point de pédale intermédiaire ni à l'aigu;ce sont de simples tenues.Tel est le *Fa* suivant,où pour la facilité de l'élè_ve j'ai substitué des notes tenues au ***tremolo***.

Weber. (Freyschutz.)

★ L'ut ♮ et le si ♯ sont enharmo_niques.Voyez la leçon 19.

Pour terminer tout ce qui a rapport aux notes accidentelles je ferai observer que l'on peut les répercuter toutes,c'est_à_dire les frapper plusieurs fois de suite.Quant à la pédale,on peut encore la varier.

Il n'y a point d'exercice spécial sur cette leçon;il suffit de la lire avec attention pour la bien comprendre.

Il me reste encore deux choses à faire remarquer sur les accords pour rendre ce traité complet.La première,c'est que si l'on pla_ce une suite d'accords dans leur premier renversement,on peut faire succéder l'un à l'autre tous les degrés de la gamme; c'est ce qu'on appelle ***marche de sixtes***.

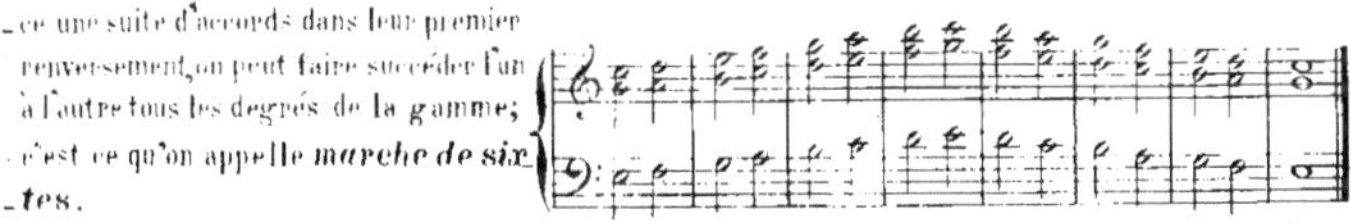

La seconde,c'est qu'on peut faire entendre les notes des accords successivement au lieu de les faire entendre simultanément. C'est ce qu'on appelle ***accords brisés*** ou ***arpèges***.On peut mettre en accords brisés tous les accords et les notes accidentel_les,comme on verra par l'exemple suivant,et dès que l'harmonie serait correcte avec les accords plaqués,elle l'est avec les accords brisés.

DIX-HUITIÈME LEÇON.

LES MODULATIONS COMPLEXES.

Les modulations complexes sont, comme je l'ai déjà dit, celles à l'aide desquelles on passe dans les tons qui ont entr'eux plus d'un accident de différence à la clef. Ce qui distingue ces modulations des modulations simples, c'est que dans celles-ci il suffit de placer entre l'accord du ton où l'on est et celui du ton où l'on veut aller, l'accord de septième de dominante de ce nouveau ton; au lieu que dans les modulations complexes, il faut adoucir peu à peu le passage d'un ton à un ton éloigné, par des accords qui amènent naturellement la septième de dominante du dernier ton. La difficulté consiste dans le choix de ces accords intermédiaires pour lesquels il n'y a point de règles fixes.

Ainsi, telle modulation, excellente dans un cas, peut être très-mauvaise dans un autre. Par exemple, pour aller de ***Fa*** majeur en ***Ré*** mineur, la modulation suivante est très-bonne.

Mais s'il s'agissait d'aller de ***La♭*** majeur en ***Ré*** mineur, ces trois mêmes accords produiraient un très-mauvais effet, s'ils heurtaient de trop près le ton de ***La♭***. Exemple.

(mauvais.)

Au lieu qu'en modulant de la manière suivante l'effet en sera doux et agréable.

(bon.)

On voit donc qu'il est impossible d'établir d'une manière invariable les accords intermédiaires dont il faut se servir pour opérer une modulation. Je dirai même qu'il faut considérer ces accords intermédiaires comme n'appartenant à aucun ton spécial; c'est, si je puis m'exprimer ainsi, une sorte d'interrègne entre un ton et un autre.

Le premier principe des modulations complexes est qu'il est plus facile d'augmenter les bémols et de diminuer les dièses que d'augmenter les dièses et de diminuer les bémols. Je vais donc d'abord donner quelques exemples de ces dernières modulations et ensuite indiquer les règles générales pour opérer les modulations complexes.

de Ré min: en Mi min: — d'Ut maj: en Si min: — de Fa en Sol. — de Sol en La. — d'Ut en Ré.

RÈGLES DES MODULATIONS COMPLEXES.

1° On peut avec la seule septième de dominante moduler dans un ton majeur où il y a deux bémols de plus ou deux dièses de moins, (ce qui se regarde généralement comme deux ***accidens de moins***) comme d'***Ut*** en ***Si♭***, de ***Mi*** en ***Ré***, de ***Sol*** en ***Fa***, &.

2° On peut changer de mode sans changer de ton comme d'***Ut*** majeur en ***Ut*** mineur, ou d'***Ut*** mineur en ***Ut*** majeur.

3° D'après cela, une septième de dominante est commune à une tonique majeure ou mineure. On peut donc en prenant la septième de dominante de ***Fa*** majeur, par exemple, annoncer le ton de ***Fa*** mineur et passer ensuite dans tous les relatifs de ***Fa*** mineur.

On peut également moduler d'***Ut*** majeur dans les relatifs d'***Ut*** mineur.

4° On peut faire une marche de septièmes de dominante; dans cette marche, la basse fondamentale procède de quinte en quinte juste inférieure, et la tierce de l'accord au lieu de monter d'un demi-ton descend au contraire d'un demi-ton.

5° Toutes les cadences rompues (voyez la 14e leçon) servent à moduler. Dans ces cas-là, la septième de dominante au lieu de se résoudre sur sa tonique, se résoud sur un nouvel accord. Dans les exemples suivans je n'ai mis la cadence rompue complète que la première fois; je me suis contenté pour les autres, de mettre la septième de dominante avec ses résolutions nouvelles.

6° On peut faire une marche de septièmes diminuées en faisant monter ou descendre chaque note de ces accords d'un demi-ton.

7° Un silence peut lier des tons éloignés. Exemple.

8° Après une note tenue ou répercutée, on peut, si toutes les parties sont à l'unisson, prendre le ton de la tonique, de la médiante ou de la dominante, de cette note tenue ou répercutée. Ex:

9° Un trait à l'unisson peut lier des tons éloignés; mais ce trait pour faire un bon effet doit être naturel. Exemple 5.

10° Enfin, des notes marchant d'une manière indéterminée peuvent aussi aider à moduler. Exemple.

L'élève n'aura d'autre exercice à faire sur cette leçon qu'à chercher à opérer des modulations dans des tons plus ou moins éloignés, ou à exécuter celles qui lui seront indiquées par le professeur.

DIX-NEUVIÈME LEÇON.

LES TRANSITIONS ENHARMONIQUES.

Les transitions enharmoniques ne sont qu'un démembrement des modulations complexes, mais ce sont des modulations d'un genre assez particulier pour exiger une leçon spéciale. ***L'enharmonie*** consiste dans deux notes représentées par la même touche sur l'orgue ou sur le Piano, telles que ***ut ♯*** et ***ré ♭***, ***fa ♮*** et ***mi ♯***, ***fa x*** et ***sol ♮***, ***la ♮*** et ***si ♭♭***, &, et qui cependant diffèrent l'une de l'autre de la distance d'un ***comma***. Il y a ***transition enharmonique***, lorsque l'on passe de l'une à l'autre soit mentalement, soit sur le papier, pour opérer une modulation.

Deux accords sont enharmoniques. **1°** La septième diminuée qui dans son état naturel peut s'écrire de cinq façons différentes et former cinq septièmes diminuées appartenant à autant de tons, sans changer de touches sur le Piano; et qui, alterée, peut se transformer en septième de dominante. **2°** La septième de dominante, qui par conséquent, peut se transformer en septième diminuée altérée.

1° Septième diminuée naturelle.

2° Septième dim. alterée. 3° Septième de dominante.

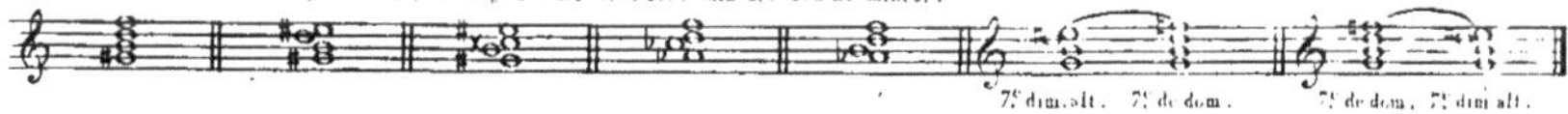

On voit que selon la manière dont on envisage les septièmes diminuées et la septième de dominante, on peut passer dans tous les tons différens auxquels ces accords appartiennent. Il existe une formule inventée par l'illustre Reicha, au moyen de laquelle, on peut opérer avec la plus grande facilité toutes les transitions enharmoniques. Dans la certitude où je suis de l'impossibilité de rien expliquer plus clairement, je me permets d'emprunter cette formule à l'admirable traité de ce professeur.

Voici la formule (qui forme une cadence parfaite.)

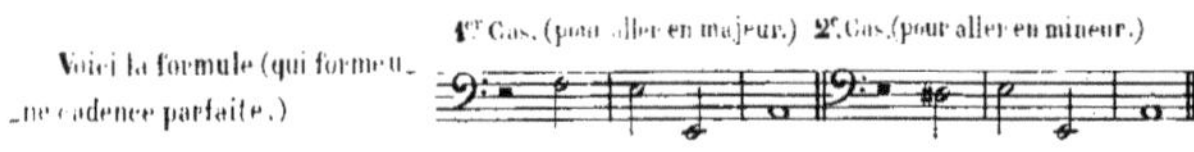

Voici maintenant comment il faut opérer dans les deux cas; j'ai pris au hasard le ton de *La*.

1er Cas. Il faut regarder le *Fa* comme la tierce de l'accord de septième diminuée altérée du ton de *Mi*, dominante du ton de *La*, comme il est d'usage dans les cadences parfaites. (Voyez la leçon 14.) Le *Mi* doit être regardé comme la quinte de l'accord parfait de *La* majeur qui se trouve dans son second renversement. Le second *Mi* est la basse fondamentale de la septième de dominante de l'accord de La, et le *La* sur lequel on prend l'accord parfait majeur de *La* est la resolution de l'accord précédent.

2e Cas. Il faut regarder le *Ré #* comme la fondamentale de l'accord de septième diminuée du ton de *Mi* dominante du ton de *La*. Sur les trois notes qui suivent on prend les mêmes accords que dans le premier cas, sauf que l'accord parfait de *La* doit être mineur.

La seule chose qui reste à trouver et qui exige du goût et de la réflexion, c'est l'art de faire arriver naturellement l'accord qu'il faut placer sur la première de ces notes, car c'est par elle que la transition enharmonique doit se faire. Il faut donc chercher le moyen de rattacher d'une manière convenable la septième diminuée qui appartient à cette note, à la septième diminuée ou à la septième de dominante du ton où l'on se trouvait auparavant. Pour rendre cette assertion plus claire, je passerai en *La* majeur du ton d'*Ut*, du ton de *Mi* b majeur et du ton de *Fa* mineur; et en *La* mineur du ton de *Si* b mineur et du ton de *Fa #* majeur.

Voici encore quatre exemples de transitions enharmoniques. Dans le second, elle existe quoiqu'elle ne soit pas écrite; elle se fait mentalement, ainsi que j'ai dit plus haut qu'on pouvait la faire.

La transition enharmonique qu'on obtient en changeant la septième diminuée altérée en septième de dominante ne peut servir que dans le courant des phrases, mais elle est utile pour moduler.

Il faut remarquer que les transitions enharmoniques transposées dans un autre ton pourraient quelquefois ne plus l'être. Transposez l'exemple suivant en *Ut* et il ne sera plus enharmonique.

1° de La b en Mi. 2° d'Ut en La b.

sans enharm.

Dans l'emploi de l'enharmonique on trouve quelquefois des intervalles tout-à-fait bizarres et qui ne rentrent plus dans aucune classification.

Ce fragment du magnifique trio des Parques de Rameau, renferme tout ce qu'il est possible d'imaginer de plus extraordinaire en fait d'intervalles enharmoniques. Ces intervalles impossibles à nommer sont marqués par des croix.

EXERCICES À FAIRE SUR LA DIX-NEUVIÈME LECON.

Pour s'exercer utilement sur les transitions enharmoniques, il faudra: 1º prendre divers accords de septième diminuée et chercher les cinq manières de les écrire en déterminant le ton auquel chaque transformation de cet accord les fait appartenir. 2º Opérer des modulations dans tous les tons qu'on voudra, selon la formule prescrite dans cette leçon. Mais une recommandation qui s'applique à la leçon précédente aussi bien qu'à celle-ci, c'est que l'élève qui ne module pas facilement dans les commencemens ne doit pas se décourager, car il faut des années de pratique et d'exercice pour ne jamais être embarassé dans les modulations compliquées.

VINGTIÈME LEÇON.

L'ANALYSE DES MORCEAUX DE MUSIQUE.

L'étude de l'harmonie est finie. L'élève arrivé à la vingtième leçon doit être désormais en état; d'accompagner un chant quelconque, qu'il soit dans le dessus ou à la basse; de moduler n'importe dans quel ton; de se rendre compte de la nature de chaque note qui entre dans un morceau de musique, et s'il n'est pas fort exécutant, de faciliter tous les traits, en leur substituant soit des traits plus faciles, soit de simples accords. Ce sont ces deux derniers points qui constituent ***l'analyse des morceaux de musique***, et c'est là-dessus que je vais donner quelques exemples pris dans la musique moderne, bien plus difficile à analyser que la musique ancienne.

Le morceau qui suit est la ritournelle du grand duo de Ténor et Basse de Robert le Diable, arrangé pour le piano; les notes sans indication sont les notes réelles. Les notes accidentelles seront indiquées comme suit. **P** signifie note de passage. ***ant:*** anticipation. ***ap*** et ***susp:*** appoggiatura et suspension.

Le premier *La* de la mesure doit se regarder comme anticipant sur la note réelle quant à sa première moitié, puisque l'accord qui lui appartient ne se fait entendre que plus tard.

L'exemple suivant est pris de la **Muette de Portici**. Les accords marqués d'une croix seraient regardés par tous les harmonistes comme des accords de ***quinte augmentée***. Mais comme j'ai prouvé dans la 15ᵉ leçon que cet accord n'existe pas, et que d'un autre côté ces mêmes notes seraient difficiles à justifier par l'élève, je vais en entreprendre l'explication.

Mesures 4 et 5. Le ***Fa*** ♯ dans l'accompagnement est une note de passage produite par l'accord ***Si Ré Fa*** sous-entendu. — Mesures 6, et 12. L'***ut*** dans le chant est note réelle en considérant l'accord comme septième de seconde espèce. — Mesure 9. Le ***Mi*** ♭ qui suit le Fa ♯ peut être regardé à volonté comme appoggiatura du ***Ré*** ou comme note réelle, en considérant l'accord comme celui de neuvième mineure ***Ré, Fa ♯ La Ut Mi*** ♭ — Mesure 11. Le ***Fa*** ♯ dans l'accompagnement doit être regardé comme le ***Fa*** ♯ des mesures 4 et 5. Dans le chant de cette même onzième mesure, le ***La*** suivi de ***l'Ut***, forme deux appoggiatura séparant la note de passage ***Ut*** de sa résolution ***Si***. J'ai cité dans la quinzième leçon un cas à-peu-près analogue dans Rossini. — Mesure 13. Il faut considérer toute la fin de la mesure à partir des paroles ***qu'il est*** comme anticipant sur l'accord de la mesure suivante. D'après cette combinaison le ***Ré*** et le ***Si*** qui étaient notes réelles au commencement de la mesure accompagné par l'accord de ***Si*** deviennent notes de passage dans l'accord de neuvième de la mesure suivante. Je dis, accord de ***neuvième***, parce que le ***Sol*** de la 13ᵉ mesure et les deux ***Sol*** de la 14ᵉ (dont la position quoique bizarre n'est pas incompatible avec la nature de la neuvième, d'après ce que j'en ai dit dans la note de la huitième leçon) indiquent que l'accord est ***Fa La Ut Mi Sol***.

Avant de terminer les exemples d'analyse de passages difficiles, je crois devoir en citer un très-extraordinaire, pris du même opéra. On ne sait vraiment ce qu'il faut le plus admirer chez l'illustre auteur de la Muette, de la variété et du brillant de ses motifs, ou de leur extrême naturel, par lequel les traits les plus injustifiables en apparence sous le rapport de l'harmonie, semblent en suivre les lois les plus rigoureuses et les plus sévères.

Voici le passage en question.

Le ***Fa*** ♯ des trois premières mesures n'est point note réelle puisqu'il n'appartient pas à l'accord ***Ut Mi Sol Si***; il n'est point note de passage puisqu'il y a un saut entre cette note et le ***Ré*** des mesures suivantes. Il ne peut donc se considérer que comme une appoggiatura, mais qui par une combinaison tout-à-fait nouvelle, suit la note réelle au lieu de la précéder. La preuve en est dans la quatrième mesure où l'appoggiatura fait sa résolution ordinaire. Il faut donc comprendre ce passage comme s'il était écrit de la manière suivante.

Il ne me reste plus qu'à parler de la manière de faciliter les traits. Les traits difficiles pouvant varier à l'infini, il serait im-possible à moins de sortir tout-à-fait des bornes de ce traité, d'en citer un assez grand nombre pour donner une idée de toutes les manières de les faciliter. Il suffira donc de dire que l'élève devra beaucoup s'exercer à l'analyse des morceaux de musique sur le papier et sur un instrument. Quant à la manière de faciliter un accompagnement, l'habitude de l'analyse lui fera découvrir, à pre-mière vue, quelles sont dans un morceau de musique les notes réelles; on conserve celles-ci qui sont indispensables, tandis que les autres peuvent se supprimer, excepté la pédale; en outre, les traits difficiles peuvent se modifier en leur en substituant de plus faciles, pourvu qu'on y respecte l'essence de leurs accords, et c'est à quoi l'on parviendra par la pratique.

FIN.

CONCLUSION.

Après avoir démontré je crois jusqu'à l'évidence, que les chiffres ne sont nullement indispensables pour apprendre l'harmonie, j'ai cru devoir leur consacrer une page pour en faire connaître le système.

Les chiffres sont une espèce de sténographie qui sert à représenter le plus brièvement possible des intervalles ou des accords complets, et à l'aide de laquelle un accompagnateur à qui on présente une simple basse peut placer en dessus tous les accords désignés par le compositeur. Leur utilité qui a été incontestable dans un temps où la composition était presque toute entière concentrée dans l'harmonie, le serait encore aujourd'hui si l'on avait l'habitude de donner à un accompagnateur des basses isolées; mais comme on ne chiffre que la basse d'un solfège, d'un air, ou d'un choeur, pour se dispenser d'y ajouter un accompagnement de Piano, (et enco-re cela ne se pratique-t-il presque plus aujourd'hui) l'élève qui aura appris l'harmonie par la nouvelle méthode que ce traité fait connaître, sera tout autant dans le cas de remplir cette basse convenablement par la seule inspection de la partie de chant, que s'il avait passé des mois à refroidir son imagination par l'étude sèche et abstraite de la combinaison des chif-fres. *

Les chiffres dont on se sert sont **2, 3, 4, 5, 6, 7, 8, 9** et plus rarement **10, 11** et **12**. Ils représentent autant d'intervalles. Ainsi **2** répond à ***seconde***, **3** à ***tierce***, &. Soit qu'on les place au dessus ou au dessous de la basse c'est toujours ***en montant***, à partir de la basse, qu'il faut les compter. Les intervalles pouvant subir des modifications, on a inventé des signes pour les in-diquer. Ainsi un chiffre barré de droite à gauche exprime la diminution, tel que **7** qui signifie ***septième diminuée***; une croix placée à coté d'un chiffre annonce l'augmentation, telles que **+2**, et **+4** ou **4+** qui répondent à ***seconde augmentée*** et ***quarte augmentée***; une barre traversant un chiffre de gauche à droite suppose un # à la note que le chiffre indique, par conséquent, un ***Ut*** surmonté d'un **6** dénote un ***La#*** puisque le ***La*** est à une sixte de distance de ***Ut*** et que la barre veut que cette sixte soit diésée. En outre dans le cours des modulations, les accidens ajoutés aux chiffres indiquent les variations que les notes subissent. Enfin une note non chiffrée suppose toujours un accord parfait non renversé, et un accident qui n'est point accompagné d'un chiffre dénote invariable-ment que c'est la tierce qui exige cet accident. Quant à la ligne qui sépare un chiffre d'un autre comme **6__7**, on entend par là que toutes les notes qui se trouvent sous le premier chiffre conservent le même accord, et que ce n'est qu'au second chiffre qu'il faut en changer, et quant aux mots ***tasto solo*** (ce qui signifie qu'il faut frapper ***la touche seule***) on les place sur la pédale parce qu'on ne peut la chiffrer, à moins de lui adjoindre les notes les plus graves qui se trouvent immédiatement au dessus d'elle.

Jusqu'à présent rien ne paraît plus simple ni plus facile que cet ingénieux système; mais voici où les difficultés commencent. Comme il serait impossible de surcharger chaque note de **2, 3** et même **4** chiffres, on se borne à écrire les plus nécessaires, et on sous-entend les autres qu'on laisse à l'intelligence de l'exécutant à découvrir, et par malheur non seulement chaque école, mais pres-que chaque compositeur adopte une manière différente, selon les notes qu'il regarde comme plus nécessaires à indiquer ou plus faci-les à deviner. Sans entrer là-dessus dans de grands détails, ce qui s'écarterait de mon but, je me bornerai à donner un exemple d'une basse chiffrée contenant à-peu-près tous les chiffres possibles, et à y ajouter comme explication, les accords indiqués par ces chiffres.

* Ceux qui se destinent à être organistes peuvent seuls être quelquefois obligés d'accompagner des basses chiffrées, mais [illegible] spéciale [illegible] faire ce traité [illegible] leur suffire complètement.